孩子，愿你成为最好的自己

吴晓波 等◇著

北京联合出版公司
Beijing United Publishing Co.,Ltd.

只 为 优 质 阅 读

好
读

孩子，

愿你慢慢长大，

愿你过上我从未看见与理解的生活。

你的孩子，其实不是你的孩子。

而是生命自我渴望的儿女。

——纪伯伦

　　原来生命从头到尾都是一场浪费，你需要判断的仅仅在于，这次浪费是不是"美好"的。

——吴晓波

　　我爱你，真想变作一颗吉星，高悬在你头顶，帮你化掉风雨，让风和日丽一直伴你前行。

——麦家

　　所以世上一物有一物的长处，一人有一人的价值。我不能偏爱，也不肯偏憎。悟到万物相衬托的理，我只愿我心如水，处处相平。

——冰心

　　因为我们每个人都有更多的爱、更多的同情、更多的精力、更多的时间，比维持我们自己生存所需要的多得多。只有为了别人花费它们，我们的生命才会开花。

——巴金

我当然希望你的生活既成功又快乐，但是万一不成功，一事无成，我也希望你是快乐的。

——李银河

致孩子

纪伯伦

你的孩子，其实不是你的孩子。

而是生命自我渴望的儿女。

他们由你而生，却并非为你而来，

他们由你而在，却并非归你所有。

你可以给予你的爱，但不是你的思想，

因为他们有自己的思想。

你可以给他们提供安居之所，但不能囚禁他们的心灵，

因为他们的心灵属于明天，属于你无法抵达的明天，做梦

也无法抵达的明天。

你可以努力让自己变得像他们，却不能把他们变得像你。

因为生活不会重复，时光也不会倒流。

你若是生命之弓，孩子就是生命之箭，

而弓箭手已在未来的、无穷的路上瞄准好了目标，

并用尽神力将弓拉满，好让他的箭射得又快又远。

就开心地做一把能拉满弦的弓吧，

因为他既爱那飞也似的箭，也爱那沉而稳的弓。

目 录

01

把生命浪费在美好的事物上

02

当世界年纪还小的时候

03

成长比成功更重要

04

我们彼此的人生是独立的

05

世界很美，不要局限在当下

06

你的未来就是成为你自己

01

把生命浪费在美好的事物上

吴晓波
喜欢，是一切付出的前提

　　每个父亲，在女儿十八岁的时候，都有为她写一本书的冲动。现在，轮到我做这件事了。

　　你应该还记得，从很小的时候，我就开始问你一个问题：你长大后想要做什么工作？

　　第一次问你这个问题，是在去日本游玩的歌诗达邮轮上，那时你上小学一年级。你的回答是，游戏机房的收银员。那些天，你在邮轮的游戏机房里玩疯了，隔三岔五，就跑来找我要零钱，然后奔去收银小姐那里换游戏币。在你看来，如果自己当上了游戏机房的收银员，那该有多爽呀。

　　后来，我一次又一次地问这个问题：你长大后想做什么工作？

　　你一次又一次地更换自己的"理想"。有一次是海豚训练师，原因是看了戴军的节目，觉得那一定特别酷。还有一次是宠物医生，大概是送圈圈去宠物店洗澡后萌生出来的。我记得还有词曲作家、花艺师、家庭主妇……

十六岁的秋天，你初中毕业后就去了温哥华读书。因为我和你妈签证出了点状况，你一个人拖着两个大箱子就奔去了机场，妈妈在你身后泪流满面，我对她说，这个孩子从此独立，她将有权利选择自己喜欢的大学、工作和城市，当然，还有喜欢的男朋友。

在温哥华，你过得还不错，会照顾自己，有了闺密圈，第一次独自旅行，还亲手给你妈做了件带帽子的运动衫。你的成绩也不错，期末得了全年级数学一等奖。我们全家一直在讨论你以后读哪所大学——哥伦比亚大学、多伦多大学还是女王大学。

又过了一年，我带你去台北旅行。在台湾大学的校园里，在夕阳西下中漫步长长的椰林大道，我又问你，你以后想做什么工作？

你突然说："我想当歌手。"

这回你貌似是认真的，好像一直、一直在等我问你这个问了好多年的问题。

然后，你滔滔不绝地谈起自己对流行音乐的看法，谈了对当前造星模式的不满，谈了日韩公司的一些创新，谈了你自认为的歌手定位和市场空间，你还掏出手机给我看MV。我第一次知道Bigbang，知道权志龙，我看了他们的MV，觉得与我当年喜欢过的Beyond和黄家驹是那么神似：一样的亚洲元素，一样的都市背景，一样的蓝色反叛，一样的如烟花般的理想主义。

在你的眼睛里，我看见了光。

作为一个常年与数据打交道、靠理性分析吃饭的父亲，我提醒你说，如果按现在的成绩，两年后大概有超过七成把握考进排名全球前一百位的大学，但是，流行歌手是一个与天赋和运气关系太大的不确定行业，你日后成为一名二流歌手的概率大概也只有百分之十，你得想清楚了。

你的目光好像没有游离，你说，我不想成名，我就是喜欢。

我转身对一直在旁边默默无语的妈妈说，这次是真的。

其实，我打心眼里认同你的回答。

在我小时候，没有人问过我这个问题。从小学一年级开始，老师布置写作文《我的理想》，那时大家的梦想是保卫祖国的解放军战士，成为像爱因斯坦那样的科学家，或者是遨游宇宙的宇航员，现在想来，这都是大人希望我们成为的那种人，其实大人自己也成不了。

这样的后果是很可怕的。记得有一年，我去四川大学讲课，一位女生站起来问我："吴老师，我应该如何选择职业？"她是一位物理系在读博士生。我问她："你为什么要读物理，而且还读到了博士？"她说："是我爸爸妈妈让我读的。""那么，你喜欢什么？"她说："我不知道。"

还有一次，在江苏江阴，我遇到一位三十多岁的女商人，她赚了很多钱，却说自己很不快乐。我问她："那么，你自己喜欢什么呢？"她听到这个问题，突然怔住了，然后落下了眼泪。她说，我从来没有想过这个问题。她从很小的时候，就跟随亲戚做生意，从贩运、办厂到炒房产，什么赚钱干什么，但她一直没有想过，自己到底喜欢什么。

现在的孩子们有权利，也有能力选择自己喜欢的生活方式和工作，它们甚至可以只与兴趣和美好有关，而无关乎物质与报酬，更甚至，它们还与前途、成就、名利没有太大的关系，只要它是正当的，只要你喜欢。

喜欢，是一切付出的前提。只有真心地喜欢了，你才会去投入，才不会抱怨这些投入，无论是时间、精力还是感情。

在这个世界上，不是每个国家、每个时代、每个家庭的年轻人都有权利去追求自己所喜欢的未来。所以，如果你侥幸可以，请千万不要错过！

接下来的事情，在别人看来就特别地"乌龙"了。你退掉了早已订好的去温哥华的机票，在网上办理了退学手续，我为你在上海找到了一所日本人办的音乐学校，它只有十一个学生，还是第一次招生。

过去的一年多里，你一直在那所学校学声乐、舞蹈、谱曲和乐器，据说挺辛苦的。一早上进琴房，下午才出得来，晚上回到宿舍身子就跟散了架一样。你终于知道把"爱好"转变成"职业"，这并不是一件容易的事情。其实，我到现在还不知道你到底学得怎么样，是否有当明星的潜质，但是有一点是肯定的，你确乎是快乐的，你选了自己喜欢走的路。

"生命就应该浪费在美好的事物上。"

这是台湾黑松汽水的一句广告词，大概是十二年前，我在一本广告杂志上偶然读到。在遇见这句话之前，我一直被职业和工作所驱赶，我不知道生活的快乐半径到底有多大，什么是有意义的，什么则是无意义的。我想，这种焦虑一定困扰过所有试图追问生命价值的年轻人。是这句广告词突然间让我明白了什么，原来生命从头到尾都是一场浪费，你需要判断的仅仅在于，这次浪费是不是"美好"的。后来，每当我做一件事情的时候，我都会问自己，你认为它是美好的吗？如果是，那就去做吧。从这里出发，我们去抵抗命运，享受生活。

现在，我把这句话送给十八岁的女儿。

此刻是2014年12月12日。我在机场的贵宾室完成这篇文章，你和妈妈在旁边，一个在看朋友圈，一个在听音乐。不远处，工人们正在布置一棵两人高的圣诞树，他们把五颜六色的礼盒胡乱地挂上去。我们送你去北京，到新加坡音乐人许环良的工作室参加一个月的强训，来年的1月中旬，你将去香港，接受一所美国音乐学院的面试。

说实在的，我的十八岁的女儿，我不知道你的未来会怎样，就好比圣诞树上的那只礼盒，里面到底是空的，还是真的装了一颗巧克力呢？

陈志武

写给女儿的信

陈晓、陈笛：

今年你们分别是十五、十三岁了，过几年就要离开我和你妈妈，去上大学，独立生活。今天，你们正在形成自己的价值观，特别是文化观、人生观，这些观念最后将影响你们整个人生的经历、幸福、价值……

我知道，今天用中文写信，你们不一定看得懂，但写下来，等你们的中文更好些后，或许还可再看。在此之际，我还是想跟你们交流一些我和你妈妈的想法、愿望。

首先，我要说，你们一生幸福是我们最大的愿望和指望，长大后你们做任何事情都应以是否让自己幸福为标准。我们当然会希望你们总在身边，所有的爱自己子女的父母都会这样想，只是，你们不要管我们的愿望如何，只要你们自己一辈子幸福，我们就开心。一般的中国父母都会跟小孩强调"孝顺"，也指望着小孩长大后抚养他们，所谓"养子防老"。许多父母，或说整个中国社会，都以子女是否"孝顺"来评判子女的"好坏"。你们千万不要有这种包袱，我们真的不希望你们这样。

说实在的，我和你妈妈已经买好退休基金、医疗保险、投资基金，甚至也买好长期护理保险，这种保险的意思是如果我们老了不能动、需要他人长期护理，那么，保险公司可以支付护理费用。等我们老了，我们要么雇人照顾，要么就去养老院。总之，我们会在经济上做好各种安排，等年长后不用你们"孝敬"回报，不会让我们成为你们经济上的任何负担。

我们这样做，不是因为担心你们不"孝顺"，而是我们太爱你们，太怕我们会成为你们的负担，我们真的不愿成为你们未来职业追求、生活追求的负担，你们的幸福是我们唯一的指望，这包括尊重你们长大后选择职业、选择男友的自由。

设想一下，假如我和妈妈没有自己的养老和医疗保障，而是将来完全靠你们养老的话，我们今天会让你们随便选择专业与职业、选择男朋友吗？不会的！因为那样的话，你们未来的收入、未来的丈夫不只是决定你们未来的生活，也包括决定我们年老时的生活收入，你们未来收入的一份是我们的。也就是说，你们的一部分就是我们的产权，你们就是我们对未来养老、医疗的投资。那样的话，我们能让你们选择学那些没有收入的历史、文学、哲学、社会学等专业吗？能让你们去找那些没有出息、未来不会赚钱的男生做男朋友并进一步为丈夫吗？

　　那样的话，不管你们多爱某个男孩，只要他未来的收入不会高、看起来也不会孝顺，怎么样也不行，我们不能让我们的退休养老变成个大问号的！

　　所以，不只是我们已买好养老金、保险等，而且，等你们长大成家后，也应该为自己买好养老金、医疗保险、投资基金，之后，也希望你们教育自己的子女这样做，要一代一代自己在经济财力上独立、自立，维护自己的尊严！

　　为什么非得通过金融产品实现自己一辈子的经济自立，不能通过"养子防老"呢？为什么不能强迫子女"孝顺"，回报父母呢？

　　说白了，我不想看到你们把生子养女看成一种利益需要，把子女当成养老避险的工具，人的价值、人的生命应该超越利益诉求！在自己选择怀孕、生孩子之前，你必须问自己：是不是因为热爱小孩、热爱生命、热爱人之情才要怀子育女？

　　如果你知道自己不一定喜欢子女，但出于养老需要而生孩子，那么，你真的对不起还没出生的子女，因为在他们还没出生之前，就被你赋予了终生的包袱，没出生前，你的孩子就无选择地担当了众多责任。因此，因"养子防老"而生子的行为是一种不道德的自私！——当然，在金融市场出现之前的传统社会里，为了生存，"养子防老"是迫不得已的选择。

　　是不是说，小孩长大后不应该照顾父母、关照看望父母呢？

不是。那就要看后代自己的选择了，他们对父母的爱护，甚至抚养可以是自己自由的选择，但不应该是一种无选择权的责任义务。中国儒家强调的"孝顺"，是一种强加的义务，这种义务，淹没子女的自由选择权。这种强制，是因父母自私的利益驱动而至。

当然，我要强调，如果你们是出于爱小孩、出于对人情的热衷，那么，在有了小孩之后，你们就必须为这种爱的选择付出代价。也就是说，你们必须对养育小孩、供他们上学有完全的责任，你们有义务把他们养大成人，让他们长大之后成为他们自己的人，享有不属于你们的独立人格，更不是你们的产权，他们是属于他们自己的人。之所以我们要强调这些，是因为，如果你们不想承担这种责任义务，你们完全可以选择不生小孩，并同时利用金融市场安排好自己的未来养老等。

我很高兴地说，我和妈妈对你们没有压力，平时要你们好好学习、要进取向上，不是因为我们有所求，而是完全从你们自己今后的幸福着想，因为我们爱你们，你们生活幸福就是我们最大的满足。说实在话，我们今后不需要你们的任何经济支持，也不会拿你们未来的成功在朋友面前炫耀。你们的专业选择、职业追求、生活道路，我们会尽我们的判断给你们参谋，但是，这些参谋判断完全是基于对你们利益的考虑，而不是基于我们的利益，因为我们对你们只有爱护，没有我们自己的利益诉求。

希望你们今后也这样对待自己的孩子，不要通过养子来防老，而是给孩子以自由，这就是我们最大的愿望。

你们的爸爸

于耶鲁大学

麦 家

我爱你的方式就是提醒你

儿子，当你看到这封信时，你已在我万里之外，我则在地球的另一端。地球很大，我们太小了，但我们不甘于小，我们要超过地球，所以你出发了。这是一次蓄谋已久的远行，为了这一天，我们都用了十八年的时间做准备。这也是你命中注定的一次远行，有了这一天，你的人生才可能走得更远。

我没有到过费城，但可以想象：那边的月亮不会比杭州的大，或者小；那边的房楼一定也是钢筋水泥的；那边的街弄照样是人来车往的；那边的人虽然肤色、相貌跟我们有别，但心照样是要疼痛的，情照样是要圆缺的，生活照样是有苦有乐、喜忧参半的。世界很大，却是大同小异。也许最不同的是你，你从此没有了免费的厨师、采购员、保洁员、闹钟、司机、心理医生，你的父母变成了一封信、一部手机、一份思念。今后一切你都要自己操心操劳，饿了要自己下厨，累了要自己放松，流泪了要自己擦干，生病了要自己去寻医生。这一下，你是那么不一样，你成了自己的父亲、母亲、长辈。这一天，是那么神奇，仿佛你一下就长大了。

但这，只是仿佛，并不真实。真实的你只是在长大的路上，如果不是吉星高照，这条路必定是漫漫长长、坎坎坷坷、风风雨雨的。我爱你，真想变作一颗吉星，高悬在你头顶，帮你化掉风雨，让风和日丽一直伴你前行。但这是不可能的，即便可能，对不起，儿子，我也不会这么做。为什么？因为我爱你，因为那样的话，你的人生必定是空洞的、苍白的、弱小的，至多不过是一条缸里的鱼、盆里的花、挂着铃铛叮当响的宠物。这样的话我会感到羞愧的，因为你真正失败了。你可以失败，但绝不能这样失败，竟然是被太阳晒死的，是被海水咸死的，是被寒风冻死的。作为男人，这也许是莫大的耻和辱！

好了，就让风雨与你同舟吧，就让荆棘陪你前行吧。既然有风雨、有荆棘，风雨中不免夹着雷电，荆棘中不免埋着陷阱，作为父亲，我爱你的方式就是提醒你，你要小心哦，你要守护好自己哦。说到守护，你首先要守护好你的生命，要爱惜身体，要冷暖自知、劳逸结合，更要远离一切形式的冲突，言语的、肢体的、个别的、群体的。青春是尖锐的、莽撞的，任何冲突都可能发生裂变，而生命是娇嫩的……这一点我只想一言蔽之，生命是最大的，生命面前你可以理直气壮地放下任何一切，别无选择。

其次，你要尽量守护好你的心。这心不是心脏的心，而是心灵的心。它应该是善良的、宽敞的、亮堂的、干净的、充实的、博爱的、审美的。善是良之本，宽是容之器。心亮了，才能堂堂正正，不鬼祟、不魍魉。心若黑了、脏了，人间就是地狱，天堂也是地狱；心若空了，陷阱无处不在，黄金也是陷阱。关于爱，你必须做它的主人，你要爱自己，更要爱他人，爱你不喜欢的人，爱你的对手。爱亲人朋友是人之常情，是天理，也是本能，是平凡的；爱你不喜欢的人，甚至仇人敌人，才是道德，才是修养，才是不凡的。儿子，请一定记住，爱是翻越任何关隘的通行证，爱他人是最大的爱自己。

然后我们来说说美吧，如果说爱是阳光，那么美便是月光。月光似乎是虚的，没用的，没有月光，万物照样漫生漫长，开花结果。但你想象一下，倘若没有月光，我们人类会丢失多少情义、多少相思、多少诗歌、多少音乐。美是虚的，又是实的，它实在你心田，它让你的生命变得有滋有味，有情有义，色香俱全，饱满生动。

呵呵，儿子，你的父亲真饶舌是不？好吧，到此为止，我不想你，也希望你别想家。如果实在想了，那就读本书吧。你知道的，爸爸有句格言：读书就是回家，书这一张纸比钞票更值钱！请容我最后饶舌一句，刚才我说的似乎都是战略性的东西，让书带你回家，让书安你的心，让书练你的翅膀，这也许就是战术吧。

爱你的父亲

2016年8月21日

贾平凹
在女儿婚礼上的讲话

我二十七岁有了女儿，多少个艰辛和忙乱的日子里，总盼望着孩子长大，她就是长不大，但突然间她长大了，有了漂亮、有了健康、有了知识，今天又做了幸福的新娘！

我的前半生，写下了百十部作品，而让我最温暖也最牵肠挂肚和最有压力的作品就是贾浅。她诞生于爱，成长于爱中，是我的淘气，是我的贴心小棉袄，也是我的朋友。我没有男孩，一直把她当男孩看，贾氏家族也一直把她当作希望之花。我是从困苦境域里一步步走过来的，我发誓不让我的孩子像我过去那样贫穷和坎坷，但要在"长安居大不易"，我要求她自强不息，又必须善良、宽容。二十多年里，我或许对她粗暴呵斥，或许对她无为而治，贾浅无疑做到了这一点。当年我的父亲为我而欣慰过，今天，贾浅也让我有了做父亲的欣慰。因此，我祝福我的孩子，也感谢我的孩子。

女大当嫁，这几年里，随着孩子的年龄增长，我和她的母亲对孩子越发感情复杂，一方面是她将要离开我们，另一方面是迎接她的又是怎样的一个未来？

我们祈祷着她能受到爱神的眷顾，觅寻到她的意中人，获得她应该有的幸福。终于，在今天，她寻到了，也是我们把她交给了一个优秀俊朗的贾少龙！我们两家大人都是从乡下来到城里，虽然一个原籍在陕北，一个原籍在陕南，偏偏都姓贾，这就是神的旨意，是天定的良缘。两个孩子都生活在富裕年代，但他们没有染上浮华的习气，成长于社会变型时期，他们依然纯真清明。他们是阳光的、进步的青年，他们的结合，以后的日子会快乐、灿烂！

在这庄严而热烈的婚礼上，作为父亲，我向两个孩子说上三句话。

第一句，是一副老对联："一等人忠臣孝子，两件事读书耕田。"做对国家有用的人。好读书能受用一生，认真工作就一辈子有饭吃。

第二句话，仍是一句老话："浴不必江海，要之去垢；马不必骐骥，要之善走。"做普通人，干正经事，可以爱小零钱，但必须有大胸怀。

第三句话，还是老话："心系一处。"在往后的岁月里，要创造、培养、磨合、建设、维护，完善自己的婚姻。

今天，我万分感激着爱神的来临，她在天空星界，在江河大地，也在这大厅里，我祈求着她永远关照着这两个孩子！

我也万分感激着从四面八方赶来参加婚礼各行各业的亲戚朋友，在十几年、几十年的岁月中，你们曾经关注、支持、帮助过我的写作、身体和生活，你们是我最尊敬和铭记的人，我也希望在以后的岁月里关照、爱护、提携两个孩子，我拜托大家，向大家鞠躬！

张晓风
我交给你们一个孩子

　　小男孩走出大门，反身向四楼阳台上的我招手，说："再见！"那是好多年前的事了，那个早晨是他开始上小学的第二天。

　　我其实仍然可以像昨天一样，再陪他一次，但我却狠下心来，看他自己单独去了。他有属于他的一生，是我不能相陪的，母子一场，只能看作一把借来的琴弦，能弹多久，便弹多久，但借来的岁月毕竟是有其归还期限的。

　　他欢然地走出长巷，很听话地既不跑也不跳，一副循规蹈矩的模样。我一个人怔怔地望着巷子下细细的朝阳而落泪。

　　想大声地告诉全城市，今天早晨，我交给你们一个小男孩，他还不知恐惧为何物，我却是知道的，我开始恐惧自己有没有交错。

　　我把他交给马路，我要他遵守规矩沿着人行道而行，但是，匆匆的路人啊，你们能够小心一点吗？不要撞倒我的孩子，我把我的至爱交给了纵横的道路，容许我看见他平平安安地回来。

我不曾搬迁户口，我们不要越区就读，我们让孩子读本区内的国民小学而不是某些私立明星小学，我努力去信任自己的教育当局，而且，是以自己的儿女为赌注来信任，但是，学校啊，当我把我的孩子交给你，你保证给他怎样的教育？今天清晨，我交给你一个欢欣诚实又颖悟的小男孩，多年以后，你将还我一个怎样的青年？

　　他开始识字，开始读书，当然，他也要读报纸、听音乐或看电视、电影，古往今来的撰述者啊，各种方式的知识传递者啊，我的孩子会因你们得到什么呢？你们将饮之以琼浆、灌之以醍醐，还是哺之以糟粕？他会因而变得正直、忠信，还是学会奸猾、诡诈？当我把我的孩子交出来，当他向这世界求知若渴，世界啊，你给他的会是什么呢？

　　世界啊，今天早晨，我，一个母亲，向你交出她可爱的小男孩，而你将还我一个怎样的青年呢？

冰　心
我只愿我心如水，处处相平

小朋友：

　　健康来复的路上，不幸多歧，这几十天来懒得很；雨后偶然看见几朵浓黄的蒲公英，在匀整的草坡上闪烁，不禁又忆起一件事。

　　一月十九日晨，是雪后浓阴的天。我早起游山，忽然在积雪中，看见了七八朵大开的蒲公英。我俯身摘下握在手里，真不知这平凡的草卉，竟与梅菊一样耐寒。我回到楼上，用条黄丝带将这几朵缀将起来，编成王冠的形式。人家问我做什么，我说："我要为我的女王加冕。"说着就随便给一个女孩子戴上了。

　　大家欢笑声中，我只无言地卧在床上——我不是为女王加冕，竟是为蒲公英加冕了。蒲公英虽是我最认识的一种草花，但从来是被人轻忽，从来是不上美人头的。今日因着情不可却，我竟让她在美人头上，照耀了几点钟。

　　蒲公英是黄色，叠瓣的花，很带着菊花的神意，但我也不曾偏爱她。我对花卉是普遍的爱怜。虽有时不免喜欢玫瑰的浓郁，和桂花的清远，而在我忧来无方的时候，玫瑰和桂花也一样的成粪土。在我心情怡悦的一刹那，高贵清华的菊花，也不能和我手中的蒲公英来占夺位置。

世上的一切事物，只有百千万面大大小小的镜子，重重对照，反射又反射；于是世上有了这许多璀璨辉煌，虹影般的光彩。没有蒲公英，显不出雏菊；没有平凡，显不出超绝。而且不能因为大家都爱雏菊，世上便消灭了蒲公英；不能因为大家敬礼超人，世上便消灭了庸碌。即使这一切都能因着世人的爱憎而生灭，只恐到了满山满谷都是菊花和超人的时候，菊花的价值，反不如蒲公英，超人的价值，反不及庸碌了。

所以世上一物有一物的长处，一人有一人的价值。我不能偏爱，也不肯偏憎。悟到万物相衬托的理，我只愿我心如水，处处相平。我愿菊花在我眼中，消失了她的富丽堂皇，蒲公英也解除了她的局促羞涩，博爱的极端，反成淡漠。但这种普遍淡漠的心，除了博爱的小朋友，有谁知道？

书到此，高天萧然，楼上风紧得很，再谈了，我的小朋友！

沙穰疗养院

1924年5月9日

02

当世界年纪还小的时候

周国平
爸爸是你的童年守护人

亲爱的儿子：

我可爱的宝贝，快过年了，爸爸决定给你写一封信。

上个月你刚过了十二岁生日，这意味着你从童年进入了少年。现在给你写"爸爸给儿子的第一封信"，我觉得正是时候。

日子过得真快，十二年前，一个健康漂亮的小男孩来到世上，把我认作父亲。年过六十之后，我忽然儿女成双，当时的喜悦心情，依然在我心中回荡。

十二年来，我们父子俩共度了许多快乐的时光。

一岁的时候，你已经会走路了，可是仍然喜欢在地上爬。你的爬行是一绝，两手交替伸出，有力地拍打地板，小屁股撅起，有节奏地左右扭动，灵活至极。

我不由自主地学你的样子，也在地上爬，当然爬得十分笨拙。我们俩一边爬一边互相喊叫，我喊你"小狗狗"，你喊我

"大狗狗"，喊声此起彼伏，屋子里一片欢腾，那个场景仿佛还在眼前。

不知不觉，大狗狗和小狗狗，忽然可以像两个男人那样，进行有内容的谈话了。

你现在上小学六年级，再过半年就要上初中了，你和我都知道，你这个小学阶段过得相当艰难。

你本来是一个很阳光的孩子，活泼开朗、待人友善，日常说话也透着笑声。可是自从上小学后情况发生了变化，你的阳光的性格，蒙上了越来越浓重的阴影。

每天上学你几乎都是流着眼泪去的。你经常发出责问："世界上为什么要有学校？你们大人为什么可以不上学？"

你甚至怨怪我们，为什么要把你生出来，让你受上学的苦。

这个情况使我很惊讶。因为当年，你和姐姐上的是同一所学校，她上得很愉快，学习成绩在年级始终名列前茅。

我了解到，你恐惧上学，主要原因是害怕语文课和英语课。你这两门课的成绩在班上是倒数几名，因此成了一个所谓的"差生"，经常被老师留下来训话。

我和你妈妈试图在家里给你补这两门课，发现你仍然是抗拒、不耐烦地死记硬背那些生词和课文，所以只好作罢。

说实话，我丝毫不认为，小学阶段的学习成绩有多重要，因为我知道一个人未来的成就，与小学成绩毫无关联。而且我对现行的应试教育，有自己清醒的认识。

我面临的难题，是怎样保护你的身心健康，让你不受挫折和伤害。

我的责任是做你童年的守护人。

你一定记得爸爸从来没有为成绩差责备过你，而总是鼓励你，夸奖你聪明，让你不要在乎分数。

事实上你的确聪明。你喜欢画画，你画得非常好。我有许多画家朋友，他们看了都说不可思议。

你的数学能力非同一般。我们父子俩，常在一起玩数学游戏，解数学趣味题。你往往比我棒！这并不简单，我读中学的时候也是数学尖子！

当然还有体育。你爱上了定向越野运动，这个运动，需要体力、灵巧还有头脑的清晰，你很快成了全校的最佳选手，在全市比赛中为学校拿了冠军！

在我眼里，你的这些本领精彩无比！

姐姐是全优生，我不会因此要求你也成为全优生，我才没这么愚蠢。我发现即使同父同母所生，孩子也会有很不同的个性，绝不可以用同一把尺子去要求和衡量。

孩子不一样，生命真奇妙，我对此感到的是惊喜。

很多时候教育被"一刀切"，从小学开始，人的价值就被"分数"固定，这是一种愚昧。正确的做法，是让每个孩子都因为自己的优点而获得荣誉、快乐和自信!

爸爸管不了学校里的事儿。但至少,在家里要这样做,尽最大的努力来消除学校评价体系给你造成的阴影。

至于语文成绩差,我认为,这并不说明你"语文水平低"。我曾经问你:"爸爸的语文水平怎么样?"你回答说:"爸爸是作家,语文水平当然高。"

我告诉你,爸爸上小学的时候语文成绩也不好。我说的是事实。

在我看来,语文水平就是表达能力。而你的口头表达非常生动,叙事很有条理。这样的例子不胜枚举。

小学低年级的时候,有一回你要教我魔法,我问你要付多少学费,你说"一分钱!"我惊叹:"这么便宜?!"

你说:"对于我们神来说,魔法太简单了,付一分钱就够了。"

你看你多幽默!

还有一回天气特别冷,我想去公园散步。你阻止我说:"如果爸爸你去,一会儿我要去公园只能找到一块人形的、戴眼镜的冰了!"

我心中赞叹,这真是一篇童话。

上次,听大家夸奖你画的画,你说了一长串话,我都记录了下来。你是这样说的:

"以后我的画放在博物馆里，我会有很多粉丝。等我老死后，我还活在我的画里！人死后，就活在他创造的东西里。"

多么精辟的人生哲理！

所以你只是有些字不会写，以后迟早会写。那时候一定能够写出好文章！我对此深信不疑。

事实上，自从爱上阅读，你的词汇量大增，写作水平有了很大的提高。

宝贝，爸爸立志，做你"童年的守护人"，你觉得爸爸的使命执行得怎么样？

你还满意吗？

现在你从童年进入了少年，我想给你提两点希望。

第一，我希望你保有一颗童心，依然纯真可爱、健康快乐，把童年的宝藏带入少年。

第二，作为少年，自我支配的能力变得重要了，你要明白，即使做自己感兴趣的事，要做出成绩，也必须有毅力，贵在坚持。

何况人活在世上，常常还要做"并无兴趣，但必须做的事"。比如进入中学后，有的课程你未必喜欢，但作为基础教育，你必须坚持学下来。那时候就更要靠毅力了！

你要有一个决心，就是"做自己学习的主人"，今天做自己学习的主人，明天你才能成为自己人生的主人。

希望你记住爸爸的嘱咐。在今后的学习和生活中，你会慢慢懂它的意义。

亲爱的宝贝，爸爸爱你！永远为你祝福。

周国平

陈年喜
父子书

凯歌：

你好！我们有多长时间没有见过面了？记得最近一次分别时，天气异常炎热。我和你妈妈给老家地里的连翘树除草。这些连翘树是开春时栽下的，草长得比树还高，完全湮没过树顶了。那些天，你一个人在县城，白天去学校上课，晚上回租住屋做饭、睡觉。你妈妈老是叨叨：不知道今天吃饭了没有？是不是又睡过头没赶上去上课了？我就训她：你总不能一辈子不放手吧？其实我心里也急，急着把草除干净了好去忙别的事情，急着去看一看你的成绩单，翻翻你的作业本。但树草同性，又不能喷除草剂，三亩地，整整干了五天。从过完春节正月初六出门，整整一年时间里，我就回了两次家。三月那次回去时间太紧，连老家都没回，惹得你奶奶很不开心。你爷爷走了，奶奶一个人住在山里，非常孤独。我们每天生活在拥挤的人群里也还是孤独的。

我知道，你那次也伤透了心，是不是现在还有恨我的气，我把你的手机砸碎了。我知道，这部手机是你初中三年省吃俭用，利用学校餐补费的剩余钱买的。对于我们这样一个家庭、对于你，它都奢侈到近于天物。我也知道，那个早晨，一颗少年的心，碎落了一地。问题是你不该天天泡在游戏里。那天早晨，你妈妈去商洛医院复查身体，你的班主任给她打电话，让到学校去一下。问什么事儿，老师也不说。接到你妈妈的电话，我头一下子就大了。说真的，我一辈子失败，唯一的希望就寄托在你身上，我一辈子怕看人脸色，所以很多年来我怕开家长会。当时我一下沮丧到早饭也不愿再做了。正在气头上，你放学回来了，手里的手机里还在呜呜哇哇大战着游戏。我曾无数次地问过你，为什么要沉迷于这样一款叫"天天酷跑"的游戏？你总是回答，我不懂。有一次被问急了，你说，这个玩成功了，也能挣钱，有人就挣到钱了。对这方面，我也许真的不懂。我也曾问过你对自己命运前途的设想，你总是说，没有设想，想也白想，走一步，看一步。这也是我得到的你同龄人的多数回答。看着你一天天长大、走远，向着我看不见的远方，我常常感到无能为力。我养育了你的身体，尽力满足你的物质需要，而在心灵的对换上，竟从来不是父亲。我不是，很多人都不是。从你一岁半开始，我出门到处打工，到过新疆、青海、内蒙古、东北以及南边的云贵和广东，双脚走遍了不毛之地。除了一身伤病和满心沧桑，也没落下多少钱，这也是爸爸这一代大部分人的生活和命运。我也无法猜测，到了你们这一代，会是怎么的情状。或许，物质上将会富足，而内心和精神会更奔突和动荡。物质和心灵永远不能合一，这是两者的宿命，也是人的宿命。对于将来，我多希望你多一点儿准备。现在，你能多读一些书、多一些思考。你可能并不知道，一年来，我一直在北京西郊一个叫"工友之家"的地方工作。这是一个由外来打工者组织的公益机构。我每天的工作就是跟随负责旧物资回收的工友去北京各个地方接收人们捐赠的衣物。有时也帮忙分拣、消毒，分批发往更加需要的西部和非洲。说不定老家收到的救济衣物，就有我亲手的劳动。机构有十几家爱心超市，分布在工厂密集的地方，每件衣服只卖十元八元，目的是帮助那些工友。我买了一大纸箱，足够我们一家人穿十年有余。过年的时候，我就带回去。这份工作虽然很辛苦，但我愿意做。每个星期天都有北京各高校的大学生和其他爱心志愿者来帮忙工作，大家在一块儿，感到融洽又温暖。有人做了十几年，从学生时期一直做到成家立业还在乐此不疲。这是一种情怀，更是一种胸怀。有他们，这个世界虽不美好，但并不绝望。在当当网上，我购买了一些书，因为这里不好收，我附了县城的地址，你先把它们放在靠墙那个桌斗里。我过年回家了读它们。我还是习惯读纸质文字，那种进入感，那种交融、碰撞、思维在纸上的流淌铺展感，是屏幕不能比的。我几乎读完了你从初中到现在的全部语文课本。和我那个年代的内容比，它的丰富性、宽敞度、经典性提高了不知多少倍。单从这一点，真是羡慕你们。对了，我要告诉你一个好消息，最近，我获得了2016年度中国工人诗歌桂冠奖。一个沉甸甸的铜质奖杯和十万元钱。这个奖，从2016年开始，一年一届，获奖名额一年只有一名。这是对我二十几年写作、思考的肯定，也是对所有坚持思索、创造和抗争的诗歌探索者的肯定，实在太有意义了。

你看授奖词：

陈年喜很像传统中国的游民知识分子，离开乡村外出打工，辗转于社会底层，饱经世态炎凉。

不同于普通游民，他有一种自觉的文学书写意识；不同于传统士大夫或现代知识分子，他是以矿山爆破这样一种后者绝不可能从事的危险工种来谋生，具有顽强的生命活力。

作为一名有着十六年从业经验的爆破工，他把在洞穴深处打眼放炮、炸裂岩石的工作场景第一次带入中国诗歌，这既是大工业时代的经验，又是能够唤起人类原始生存场景的经验。

2016年，他因职业病离开矿山，而写作更上一层楼，以《在皮村》和《美利坚叙事》两部沉郁厚重的组诗，聚焦新工人文化，思考全球化世界中普通劳动者的命运，从而将工人诗歌带到了一个新的高度。因此授予陈年喜2016年度桂冠工人诗人奖。

把这个好消息也告诉你妈妈，告诉全家人。爸爸不是好父亲，但希望你是一个好儿子。你不仅是我的，也是生活以及未来将面对的纷繁世界的男儿！

爸爸

2017年2月15日

老　舍
有了小孩以后

　　艺术家应以艺术为妻，实际上就是当一辈子光棍儿。在下闲暇无事，往往写些小说，虽一回还没自居过文艺家，却也感觉到家庭的累赘。每逢困于油盐酱醋的灾难中，就想到独身一人，自己吃饱便天下太平，岂不妙哉。

　　家庭之累，大半由儿女造成。先不用提教养的花费，只就淘气哭闹而言，已足使人心慌意乱。小女三岁，专会等我不在屋中，在我的稿子上画圈拉杠，且美其名曰"小济会写字"！把人要气没了脉，她到底还是有理！再不然，我刚想起一句好的，在脑中盘旋，自信足以愧死莎士比亚，假若能写出来的话。当是时也，小济拉拉我的肘，低声说："上公园看猴？"于是我至今还未成莎士比亚。小儿一岁整，还不会"写字"，也不晓得去看猴，但善亲亲、闭眼，还"指令"我也得表演这几招。有什么办法呢？！

　　这还算好的。赶到小济午后不睡，按着也不睡，那才难办。

到这么四点来钟吧，她的困闹开始，到五点钟我已没有人味。什么也不对，连公园的猴都变成了臭的，而且猴之所以臭，也应当由我负责。小胖子也有这种困而不睡的时候，大概多数是与小济同时发难。两位小醉鬼一齐找毛病，我就是诸葛亮恐怕也得唱空城计，一点办法没有！在这种干等束手被擒的时候，偏偏会来一两封快信——催稿子！我也只好闹脾气了。不大一会儿，把太太也闹急了，一家大小四口，都成了醉鬼，其热闹至为惊人。大人声言离婚，小孩怎说怎不是，于离婚的争辩中瞎打混。一直到七点后，二位小天使已困得动不得，离婚的宣言才无形地撤销。这还算好的。遇上小胖子出牙，那才真叫厉害，不但白天没有情理，夜里还得上夜班。一会儿一醒，像被针扎了似的惊啼，他出牙，谁也不用打算睡。他的牙出利落了，大家全成了红眼虎。

不过，这一点也不妨碍家庭中爱的发展，人生的巧妙之处似乎就在这里。记得Frank Harris仿佛有过这么点记载，他说王尔德为那件不名誉的案子过堂被审，一开头他侃侃而谈，语多幽默。及至原告提出几个男妓做证人，王尔德没了脉，非失败不可了。Harris以为王尔德必会说："我是个戏剧家，为观察人生，什么样的人都当交往。假若我不和这些人接触，我从哪里去找戏剧中的人物呢？"可是，王尔德竟自没这么答辩，官司就算输了！

把王尔德且放在一边，艺术家得多去体验。Harris的意见，假若不是特为王尔德而发的，的确是不错。连家庭之累也是如此。还拿小孩们说吧，这才来到正题——爱他们吧，嫌他们吧，无论怎说，也是极可宝贵的经验。

在没有小孩的时候，一个人的世界还是未曾发现美洲的时候。小孩是哥伦布，把人带到新大陆去。这个新大陆并不很远，就在熟悉的街道上和家里。你看，街市上给我预备的，在没有小孩的时候，似乎只有理发馆、饭铺、书店、邮政局等。我想不出婴儿医院、糖食店、玩具铺等的意义。连药房里的许许多多婴儿用的药和粉，报纸上婴儿自己药片的广告，百货店里的小袜子小鞋，都显着多此一举，劳而无功。及至小天使自天飞降，我的眼睛似乎戴上了一副放大镜，街市依然那样，跟我有关系的东西可是不知增加了多少倍！婴儿医院不但挂着牌子，敢情里边还有医生呢。不但有医生，还挺神气，一点也得罪不得。拿着医生所给的"神符"，到药房去，敢情那些小瓶子小罐都有作用。不但要买瓶子里的白汁黄面和各色的药饼，还得买瓶子罐子，轧粉的钵，量奶的漏斗，乳头，卫生尿布，玩意多多了！百货店里那些小衣帽，小家具，也都有了意义；原先以为多此一举的东西，如今都成了非它不行；有时候铺中缺乏了我所要的那一件小物品，我还大有看不起他们的意思：既是百货店，怎能不预备这件东西呢？！慢慢地，全街上的铺子，除了金店与古玩铺，都有了我的足迹；连当铺也走得怪熟。铺中人也渐渐熟识了，甚至可以随便闲谈，以小孩为中心，谈得颇有味儿。伙计们，掌柜们，原来不仅是站柜做买卖，家中还有小孩呢！有的铺子，竟自敢允许我欠账，仿佛一有了小孩，我的人格也好了些，能被人信任。三节的账条来得很踊跃，使我明白了过节过年的时候怎样出汗。

小孩使世界扩大，使隐藏着的东西都显露出来。非有小孩不能明白这个。看着别人家的孩子，肥肥胖胖，整整齐齐，你总觉得小孩们理应如此，一生下来就戴着小帽，穿着小袄，好像小雏鸡生下来就披着一身黄绒似的。赶到自己有了小孩，才能晓得事情并不这么简单。一个小娃娃身上穿戴着全世界的工商业所能供给的，给全家人以一切啼笑爱怨的经验，小孩的确是位小活神仙！

有了小活神仙，家里才会热闹。窗台上，我一向认为是摆花的地方。夏天呢，开着窗，风儿轻轻吹动花与叶，屋中一阵阵的清香。冬天呢，阳光射到花上，使全屋中有些颜色与生气。后来，有了小孩，那些花盆很神秘地都不见了，窗台上满是瓶子罐子，数不清有多少。尿布有时候上了写字台，奶瓶倒在书架上。大扫除才有了意义。是的，到时候非痛痛快快地收拾一顿不可了，要不然东西就有把人埋起来的危险。上次大扫除的时候，我由床底下找到了但丁的《神曲》。不知道这老家伙干吗在那里藏着玩呢！

人的数目也增多了，而且有很多问题。在没有小孩的时候，用一个仆人就够了，现在至少得用两个。以前，仆人"拿糖"，满可以暂时不用；没人做饭，就外边去吃，谁也不用拿捏谁。有了小孩，这点豪气趁早收起去。三天没人洗尿布，屋里就不要再进来人。牛奶等项是非有人管理不可，有儿方知卫生难，奶瓶子一天就得烫五六次。没仆人简直不行！有仆人就得捣乱，没办法！

好多没办法的事都得马上有办法，小孩子不会等着"国联"慢慢解决儿童问题。这就长了经验。半夜里去买药，药铺的门上原来有个小口，可以交钱拿药，早先我就不晓得这一招。西药房里敢情也打价钱，不等他开口，我就提出："还是四毛五？"这个"还是"使我省五分钱，而且落个行家。这又是一招。找老妈子有作坊，当票儿到期还可以入利延期，也都被我学会。没工夫细想，大概自从有了儿女以后，我所得的经验至少比一张大学文凭所能给我的多着许多。大学文凭是由课本里掏出来的，现在我却念着一本活书，没有头儿。

连我自己的身体现在都会变形，经小孩们的指挥，我得去装马装牛，还须装得像个样儿。不但装牛像牛，我也学会牛的忍性，小胖子觉得"开步走"有意思，我就得百走不厌，只做一回，绝对不行。多咱他改了主意，多咱我才能"立正"。在这里，我体验出母性的伟大，觉得打老婆的人应该下狱。

中秋节前来了个老道，不要米，不要钱，只问有小孩没有？看见了小胖子，老道高了兴，说十四那天早晨须给小胖子左腕上系一根红线。备清水一碗，烧高香三炷，必能消灾除难。右邻家的老太太也出来看，老道问她有小孩没有，她惨淡地摇了摇头。到了十四那天，倒是这位老太太的提醒，小胖子的左腕上才拴了一圈红线。

小孩子征服了老道与邻家老太太。一看胖手腕的红线，我觉得比写完一本伟大的作品还骄傲，于是上街买了两尊兔子王，感到老道、红线、兔子王，都有绝大的意义！

郝景芳

追寻遥远的光亮

很多人小时候，都曾经被父母口中的那个"别人家的孩子"所笼罩。那个孩子从小学一年级开始，期末考试一直都是年级第一，平时参加各种活动，该玩的都玩，到了高考，依然是年级第一名。大学毕业之后，又拿到硕士、博士学位和国际奖项。如果有这样一个孩子，是不是很招人忌恨？

很不幸，我自己就是这样一个不受欢迎的"别人家的孩子"——这点我平时都不敢讲。但其实我自己知道，我心中的自己，和别人看到的那个"别人家的孩子"，绝对不一样。

我记忆中的成长岁月，失落多于骄傲。在我自己的眼中，我的成长过程并不是充满成功的，而是一直在朝着心中光亮奔跑却永远跑不到头，我不断向心中之光靠近，可是一次次地，不仅总是达不到目标，而且离目标越来越远。我在不断失望的过程中鼓起勇气，慢慢长大。

1

遥远的光亮是什么呢？是一种"未来我的人生要像这样"的模糊的感觉。

我在学业上一直追求"遥远的光"。但考试从不是我的主要目标。语文老师鼓励我们自由写作，于是我幽默点评《三国演义》，也写了些讽刺现实的东西，还写了几个羞怯的小说。那个时候的我，野心勃勃地想要在高中的时候出版一本畅销书。

但高一之后，一系列阅读让我开始无法提笔。先是马尔克斯的《百年孤独》，我当时就惊呆了：怎么还能有人写得这么好！他不动声色的讽刺、突如其来的转折、惊人的想象，一切都是更高级的写作手法。跟马尔克斯的现实讽刺相比，青年先锋文学作家就显得太浅白而抖机灵了，看我的写作，更是幼稚得不忍直视。然后我读到卡尔维诺的《看不见的城市》，又惊呆了：怎么还能有人如此轻灵又深刻！没有任何炫耀学识的大段落，没有厚重的历史渲染，但就是能在每个章节读出哲学的闪光，看出作者的洞见。

从那个时候开始，我的写作就谦卑多了。还是试着写了点小说，但一直没有贸然发表。我心里有了光，这光是马尔克斯、卡尔维诺、罗曼·罗兰、福克纳、塞林格、博尔赫斯、加缪……

后来我尝试在文章里加一点马尔克斯式的非现实元素，但一直不太成功。我写细腻灵动的故事，远没有塞林格的微妙；写短促尖锐的小说，也比博尔赫斯的睿智差得太远。成为少年作家的妄念打消了，我的全部愿望变成了能写出和我心中的偶像相提并论的作品。

这些是我文学上"遥远的光"。为了贴近心中的光，我从中学到大学一直尝试，一直笨拙而艰苦地尝试。不断去读文学作品，不断尝试新的笔法。

大四开始写小说之后，最先写下的科幻小说就是《祖母家的夏天》和《看不见的星球》——向博尔赫斯和卡尔维诺致敬。

因为心中有光存在，所以从来没有觉得自己成功。即使高考作文写得还不错，即使出了书，即使得了雨果奖，在心里，我仍然觉得自己和那遥远的光差得太远太远。至今我仍活在时时出现的气馁中，但又在气馁中继续鼓起勇气前进。

2

也有人问我，你这么喜欢文学，高三时又得了新概念作文大赛一等奖，为什么不读中文系？

原因是一方面，我没觉得新概念作文大赛获奖就能证明自己有文学才能；另一方面，我心里当时还有另一个更远、更强烈的光吸引我。

这要追溯到小学三年级。当时我爱上了看《少年科学画报》，被里面富有趣味的机器人漫画迷住了。后来读《十万个为什么》，我在天文卷里读到，宇宙里有一种奇特的星星："中子星上面每一立方厘米的物质，都需要一万艘万吨巨轮才能推动。"我当时惊呆了。后来不止一次跟人提起过这些事，每个人一生中可能都会有一些眩晕时刻，这就是让我目瞪口呆的眩晕时刻。

从九岁开始，我就想学天文学。中间虽有反复、摇摆，但是最终我第一志愿填了物理系。

高三的时候，我偶然看到一些有关量子力学的科普作品，被深深地吸引住了。后来，顺着这条线，我读到了玻尔、海森堡和薛定谔的著作。

在这个时候，我正式找到了人生最大的偶像：薛定谔。读到他的一篇有关宇宙与人的意识的文章，我一下子有了开窍的感觉。

在那之后，我热烈地爱上了科学哲学。又找了薛定谔、笛卡儿、莱布尼茨和牛顿的一些文章。我后来了解到，薛定谔三十几岁发表了著名的薛定谔方程，他写的《生命是什么——活细胞的物理学观》直接影响到克里克发现脱氧核糖核酸（DNA）的双螺旋结构。他对古典哲学和古印度哲学有深入研究。他懂六国语言，曾经把《荷马史诗》从古希腊语翻译成德文，他业余时间喜欢写诗，喜欢雕塑，喜欢和朋友一起散步，讨论生命哲学。他低调、内敛、思辨能力强，把经历的"二战"磨难讲得云淡风轻。

他就是我最想成为的那类人：洞悉世界，洗尽铅华。

大学时最大的失落就是发现我自己的思考能力和成就，恐怕永远也赶不上偶像的衣服一角了。我对物理实验现象的理解只能做到皮毛，没办法参透出更高层次的规律。我的数学能力也很有限，心里的图景，完全没法用数学语言表达。这时才知道偶像轻描淡写的方程有多不容易。

有人问我，大学时的失落和焦虑是不是因为在班里排名不好。这只是很少很少很少的一部分原因，我心里巨大的忧伤，是发现自己一辈子也达不到偶像的那种思维境界了。

<h1 style="text-align:center">3</h1>

我的成长就是这样，与不断的忧伤相伴：永远觉得自己还不够好，离心中的光很遥远，只能做到自己期望的一小部分。如果目标是100分，那么我的人生成就，无论是考上清华、出书，还是获得雨果奖，这些全部加起来也到不了10分。

我的努力是因为心中有光，忧伤也是因为心中的光。我从来没觉得自己就是"别人家的孩子"，因为我心中也有"别人家的孩子"，他们是真正值得追寻的光。

在这样反复失落和忧伤的过程中，我却有了意想不到的收获。

如果你给自己设定的目标是100分，最后哪怕只做到10分，内心虽然会感到失落，但也会惊讶地发现，自己很拿不出手的成绩已经比周围的人要高一些了。对周围人来说，做到10分已然不错。

我心中对高考的感觉就是这样。我知道自己需要通过高考，但从来没有把高考当作目标。高考只是我摘星之梦的一小步，距离洞悉宇宙的秘密还有十万八千里。我渴望找到宇宙的宝藏，因此必须学一些基本技能。虽然最后的结果显示，我可能永远也找不到宇宙的秘密了，但由此积累的技能，应付高考还是绰绰有余了。

这是我近期才想明白的事：把梦做大一点没坏处，梦做大了，现实中的挑战都是小事。即使充满失落和忧伤，在别人看来也已经挺成功了。

如果希望我给未来的孩子们一些建议，那可能只有这一点：把梦做大一点，看得远一点，即使做不到也没关系。即使到不了宇宙尽头，也强于只看到水塘尽头。

现在回想起来，所有的忧伤都是值得的。忧伤是因为有追求。

4

那我是如何生成这种自我推动的梦想呢？

"我也没怎么特别培养，平时都不管她，她都是自己学的。"我母亲总是这样说。

我母亲说的话不是假话，我父母确实从小不怎么管我，基本上任由我自己长大。

从小到大，父母没有检查过我写的作业，也不会催我写作业。我放学后先在楼底下跟小朋友玩，然后写作业，写完后看动画片和电视剧到晚上十点多。不会做的题也不会问父母，都是在学校自己想办法解决的。除了学校推荐的辅导班，父母不曾给我报培训班。高考报考专业时，父母也没有任何干预。

但我的父母是完全放养，毫不过问我的成长吗？或者说，放养就是父母对我的养育密码吗？

并不是的。父母不管我，但他们助推了我的成长。2017年的诺贝尔经济学奖获得者泰勒有一本书叫《助推》，说的就是用一些无形的方式引导，让人在不知不觉中行为被改变。家庭教育的最高境界就是让孩子觉得：这一切都是我自己做到的。

父母对我最重要的助推是什么呢？回想我的成长经历，对文学、物理的追求都是因为阅读。父母最重要的助推就是带我阅读。

从我一两岁的时候，母亲就每天给我读故事书。从三岁开始，母亲开始一边给我读故事书一边教我识字，到了四五岁的时候，就让我自己试着读。这样不知不觉间，到了小学一年级，我已经可以独立阅读纯文字的故事书了。

在阅读方面，母亲并没有强求结果。她知道，兴趣最重要。我在小学一二年级读的都是童话，读完了《格林童话》，读《红色童话》，还有《一千零一夜》。

三年级之后，母亲在预算很有限的情况下仍然经常给我买书，例如《少年科学画报》，还有一套常看不衰的连环画版《中国通史》和《红楼梦》。

　　到了四年级，我们跟随父亲去英国访学，母亲带我去玩的第一个地方就是图书馆，在那里，母亲推荐给我《简·爱》。从这本书开始，我像发现新大陆一样发现了宝库：青少年版的世界名著，比原著好读。《双城记》《蝴蝶梦》都是我那时候的最爱。我还看完了馆藏的所有克里斯蒂的侦探小说。

　　我因为书而树立梦想，从书中学习，以读书来自我提升。这个世界上，只要一个孩子掉进了书的海洋，他的一辈子基本上不用担心走不好。因为这个世界的智慧，大都是用书来传承的。

5

　　父母的助推，还体现在并不限制我的兴趣，让我广泛接触，自我选择。

　　我博士阶段为什么又转到经济学？追溯源头，要追到小学五年级。我从小喜欢画画，五年级发现了日本漫画，开始临摹。先是《凡尔赛玫瑰》，让我了解玛丽·安托瓦内特，联系到《双城记》，让我对法国大革命充满好奇。然后我读到最喜欢的《花冠安琪儿》，随着冒险的女孩，一路遇到博学风趣的达·芬奇，年轻浪漫的拉斐尔，还有教皇和私生子、骑士和艺术家。

我感谢父母从来没有禁止我看漫画。通过漫画，我爱上了历史。中学时最喜欢的就是阅读有关法国大革命和文艺复兴方面的书。因为这方面的阅读，遇到令我追索多年的李约瑟问题：为何科学革命没有发生在中国？对此，我有了更深的认识。

在大学之后，我开始阅读阿克顿的《法国大革命讲稿》、波兰尼的《大转型》、以赛亚·伯林的《浪漫主义的根源》和《启蒙的时代》，开始思索人类历史上"现代化"的大转折，后来越来越发觉经济历史研究对我有着强烈的吸引力。再后来，我就选择了转读经济学博士。

正是父母的允许，让我得以探索更广阔的世界。

在我的心目中，阅读类型并没有高下，只要会读书、读好书，就能从一切阅读中获得知识和见识的给养。广泛阅读各种类型的书籍，各个类型的书之间往往能产生奇妙的碰撞，产生跨学科思维。

跨学科思维，总在我意料之外给我帮助。高三在去参加新概念作文大赛的火车上，我痴迷于海德格尔的《人，诗意地栖居》，结果现场看到电脑屏幕保护程序的题目时，就写了有关人的自我身份、对存在的认知、宇宙不确定性的文章，后来获奖。

在读博期间，我去参加IMF（国际货币基金组织）北京办事处的面试，以物理引力场的概念阐述我对国际贸易的想法，也当场获得了专家的认可。我写作《北京折叠》的最初灵感，是在国家大剧院听《布兰诗歌》音乐会，眼前浮现的北京上空辽阔的灰色画面所触发的。其实所谓灵感，并不神秘，只是吸收的信息在头脑中相遇产生的火花而已。

6

回想这么多，我最想说的就是阅读的意义。

我的每一次选择、每一次求知，都是因为阅读。我因为阅读爱上知识，再进入学校学习，这是我学习主要的动力来源。

在阅读的世界里，我能了解广博宇宙，知道知识的联系和范围。学校的考点是知识海洋的小岛，先见到海洋，再学习小岛，自然不觉得费力。

在阅读的世界里，我能见到千奇百怪的人生，知道许许多多不同类型的人，以及他们内心追求的是什么价值。我读到什么是尴尬、什么是冲突、什么是怆痛，也读到外表下的思绪的水流。这让我明白什么是好的文学作品，也让我在与人打交道的时候，更容易建立心的沟通。

在阅读的世界里，我能见到这个世界上真正杰出的人、了不起的思想、伟大的作品都是什么样。因为有这些参照，自己永远有追求的目标。这些目标让我谦卑，不会因为现实中的一点点成绩自喜，因为那些真正杰出的灵魂，是绝不屑于为这点成绩而自得的。这些目标也让我收获人生，即使失落而忧伤，追求也仍然高于现实。

7

我现在有了女儿，我也开始像母亲曾经给我读书那样，给她读书。

我给她看各种类型的书，有趣味图片书，有纯粹的童话，有情感哲思书，也有很多科学知识书。我选书的品质，但并不限定书的类型。最终她会在各种书中挑出她最爱的，反复阅读，反复探索。故事是所有孩子天性中的挚爱，也有助于孩子的思维启蒙。

我女儿听故事的时候，会不知不觉记住其中的词语和表达。她很喜欢《木偶奇遇记》，有时候会突然蹦出来一句"我是在自欺欺人"，让我吓一跳，但仔细回想，其实是书中的话。她也会记得很多故事里的知识，例如地球内部主要由地壳、地幔和地核三个圈层组成。

这样的积累是无形的学习。我喜欢在讲故事的时候和女儿对话："你觉得他为什么这么做啊？你觉得他现在心里是怎么想的？如果你是他会怎么做？"我也喜欢在讲故事的时候闲聊知识："你知道他们在海上航行喝的水是从哪儿来的吗？你知道恐龙后来都去哪儿了吗？"女儿喜欢听，甚至主动要求讲。

这是文学和科学的双重启蒙。

再回想我阅读的三个阶段，或者说，母亲对我启蒙的三个阶段：带我读书——通过每天温馨的夜读，让故事从耳朵进入我心里，让我爱上故事；让我寻找阅读的乐趣——在我的童年，让我自主阅读喜欢的书，从兴趣爱上阅读；带我接触更好的书籍——到我已经把读书当成习惯的时候，帮我找到文学经典。

后面的所有人生追求，都是由此顺理成章的事情。我的所有梦想与失落、忧伤与坚强，都源于阅读。阅读让我有骄傲的梦想，也让我有谦卑的自知，让我知道，自己没有做到的，永远比做到的多得多。

8

想到这些，我想把我的经验分享给更多的父母和孩子。

如果我们希望孩子抱有对未来的期望和人生理想，那么最好的办法绝不是拿孩子去跟"别人家的孩子"进行比较，而是带他走入一片更广阔的宇宙空间。

与"别人家的孩子"比较，只会让孩子目光短浅、目标局限、自信心缺失，若有成绩也容易眼高于顶。而让他进入更广阔的宇宙，他则会知道这个世界真正的智慧在哪里，世界的深邃和美在哪里。能感受到世界的大、智慧的高，才有无限自我提升的勇气。

我很希望能让更多孩子进入书的世界，爱上阅读，感受到书里的文学、科学、历史文明。我想带着孩子们一起读故事，就像我小时候爱上故事那样，以故事为起点，通过故事，进入更广阔的知识海洋。我希望成为一座桥梁，搭在孩子懵懂的童年和自主的少年之间，让他们不知不觉熟悉世界之大、世界之美、世界之奇妙，由此生成内心之光，再用内心之光照亮自己的人生之路。如果我能为这个世界做一点点小事，也就是带孩子看世界这件小事了。

丰子恺

孩子，我憧憬于你们童真的生活

　　我的孩子们！我憧憬于你们的生活，每天不止一次！我想委屈地说出来，使你们自己晓得。可惜到你们懂得我的话的意思的时候，你们将不复是可以使我憧憬的人了。这是何等可悲哀的事啊！

　　瞻瞻！你尤其可佩服。你是身心全部公开的真人。你什么事情都像拼命地用全副精力去对付。小小的失意，像花生米翻落地下，自己嚼了舌头了，小猫不肯吃糕了，你都要哭得嘴唇泛白，昏去一两分钟。

　　外婆去普陀烧香买回来给你的泥人，你何等鞠躬尽瘁地抱他，喂他；有一天你自己失手把他打破了，你号哭的悲哀，比大人们的破产、失恋、broken heart（心碎），丧考妣，全军覆没的悲哀都要真切。两把芭蕉扇做的脚踏车，麻雀牌堆成的火车、汽车，你何等认真地看待，挺直了嗓子叫"汪——""咕咕咕……"来代替汽笛。宝姐姐讲故事给你听，说到"月亮姐姐挂下一只篮来，宝姐姐坐在篮里吊了上去，瞻瞻在下面看"的时候，你何等激昂地同她争，说"瞻瞻要上去，宝姐姐在下面看！"甚至哭到漫姑面前去审判。我每次剃了头，你真心地疑我变成了和尚，好几时不要我抱。最是今年夏天，你坐在我膝上发现了我腋下的长毛，当作黄鼠狼的时候，你何等伤心，你立刻从我身上爬下去，起初眼瞪瞪地对我端相，继而大失所望地号哭，看看，哭哭，如同对被判定了死罪的亲友一样。你要我抱你到车站里去，多多益善地要买香蕉，满满地撷了两手回来，回到门口时，你已经熟睡在我的肩上，手里的香蕉不知落在哪里了。这是何等可佩服的真率、自然与热情！大人间的所谓"沉默""含蓄""深刻"的美德，比起你来，全是不自然的、病的、伪的！你们每天坐火车，坐汽车，办酒，请菩萨，堆六画面，唱歌，全是自动的，创造创作的生活。大人们的呼号"归自然！""生活的艺术化！""劳动的艺术化！"在你们面前真是出丑得很了！依样画几笔画、写几篇文的人称为艺术家、创作家，对你们更要愧死！

你们的创作力，比大人真是强盛得多哩：瞻瞻！你的身体不及椅子的一半，却常常要搬动它，与它一同翻倒在地上；你又要把一杯茶横转来藏在抽斗里，要皮球停在壁上，要拉住火车的尾巴，要月亮出来，要天停止下雨。在这等小小的事件中，明明表示着你们的弱小的体力与智力不足以应付强盛的创造欲、表现欲的驱使，因而遭逢失败。然而你们是不受大自然的支配，不受人类社会的束缚的创造者，所以你的遭逢失败，例如火车尾巴拉不住，月亮呼不出来的时候，你们决不承认是事实的不可能，总以为是爸爸妈妈不肯帮你们办到，同不许你们弄自鸣钟同例，所以愤愤地哭了，你们的世界何等广大！

你们一定想：终天无聊地伏在案上弄笔的爸爸，终天闷闷地坐在窗下弄引线的妈妈，是何等无气性的奇怪的动物！你们所视为奇怪动物的我与你们的母亲，有时确实难为了你们，摧残了你们，回想起来，真是不安心得很！

阿宝！有一晚你拿软软的新鞋子，和自己脚上脱下来的鞋子，给凳子的脚穿了，划袜立在地上，得意地叫"阿宝两只脚，凳子四只脚"的时候，你母亲喊着"龌龊了袜子"，立刻擒你到藤榻上，动手毁坏你的创作。当你蹲在榻上注视你母亲动手毁坏的时候，你的小心里一定感到"母亲这种人，何等煞风景而野蛮"吧！

瞻瞻！有一天开明书店送了几册新出版的毛边的《音乐入门》来，我用小刀把书页一张一张地裁开来，你侧着头，站在桌边默默地看。后来我从学校回来，你已经在我的书架上拿了一本连史纸印的《楚辞》，把它裁破了十几页，得意地对我说："爸爸，瞻瞻也会裁了！"瞻瞻！这在你原是何等成功的欢喜，何等得意的作品，却被我一个惊骇的"哼！"字喊得你哭了。那时候你也一定抱怨"爸爸何等不明"吧！

瞻瞻！你常常要弄我的长锋羊毫，我看见了总是无情地夺脱你。现在你一定轻视我，想道："你终于要我画你的画集的封面！"

最不安心的是，有时我还要拉一个你们所最怕的陆露沙医生来，教他用他的大手来摸你们的肚子，甚至用刀来在你们臂上割几下，还要教妈妈和漫姑擒住了你们的手脚，捏住了你们的鼻子，把很苦的水灌到你们的嘴里去。这在你们一定认为是太无人道的野蛮举动吧！

孩子们！你们果真抱怨我，我倒欢喜；到你们的抱怨变为感谢的时候，我的悲哀来了！

我在世间，永没有逢到像你们这样出肺肝相示的人。世间的人群结合，永没有像你们这样彻底地真实而纯洁。最是我到上海去干了无聊的所谓"事"回来，或者去同不相干的人们做了叫作"上课"的一种把戏回来，你们在门口或车站旁等我的时候，我心中何等惭愧又欢喜！惭愧我为什么去做这等无聊的事，欢喜我又能暂时放怀一切地加入你们的真生活的团体。

但是，你们的黄金时代有限，现实终于要暴露的。这是我经验过来的情形，也是大人们谁都经验过的情形。我眼看见儿时的伴侣中的英雄、好汉，一个个退缩、顺从、妥协、屈服起来，到像绵羊的地步。我自己也是如此。"后之视今，亦犹今之视昔"，你们不久也要走这条路呢！

我的孩子们！憧憬于你们的生活的我，痴心要为你们永远挽留这黄金时代在这册子里。然而这真不过像"蜘蛛网落花",略微保留一点春的痕迹而已。且到你们懂得我这片心情的时候,你们早已不是这样的人,我的画在世间已无可印证了!这是何等可悲哀的事啊!

梁启超
莫问收获，但问耕耘

孩子们：

思成和思永同走一条路，将来互得联络观摩之益，真是最好没有了。思成来信问有用无用之别，这个问题很容易解答，试问唐开元天宝年间李白、杜甫与姚崇、宋璟比较，其贡献于国家者孰多？为中国文化史及全人类文化史起见，姚、宋之有无，算不得什么事；若没有了李、杜，试问历史减色多少呢？

我也并不是要人人都做李、杜，不做姚、宋，要之，要各人自审其性之所近何如，人人发挥其个性之特长，以靖献于社会，人才经济莫过于此。思成所当自策厉者，惧不能为我国美术界作李、杜耳。如其能之，则开元、天宝间时局之小小安危，算什么呢？你还是保持这两三年来的态度，埋头埋脑去做便对了。

你觉得自己天才不能负你的理想，又觉得这几年专做呆板功夫，生怕会变成画匠。你有这种感觉，便是你的学问在这时期内将发生进步的特征，我听见倒喜欢极了。孟子说："能与人规矩，不能使人巧。"凡学校所教与所学总不外规矩方圆的事，若巧则要离了学校方能发见。规矩不过求巧的一种工具，然而终不能不以此为教、以此为学者，正以能巧之人，习熟规矩之后，乃愈益其巧耳。不能巧者，依着规矩可以无大过。

你的天才到底怎么样，我想你自己现在也未能测定，因为终日在师长指定的范围与条件内用功，还没有自由发掘自己性灵的余地。况且凡一位大文学家、大美术家之成就，常常还要许多环境与其附带学问的帮助。中国先辈说要"读万卷书，行万里路"。你两三年来蛰居于一个学校的图案室之小天地中，许多潜伏的机能如何便会发育出来，即如此次你到波士顿一趟，便发生许多刺激，区区波士顿算得什么，比起欧洲来真是"河伯"之与"海若"，若和自然界的崇高伟丽之美相比，那更不及万分之一了。然而令你触发者已经如此，将来你学成之后，常常找机会转变自己的环境，扩大自己的眼界和胸怀，到那时候或者天才会爆发出来，今尚非其时也。

今在学校中只有把应学的规矩，尽量学足，不唯如此，将来到欧洲回中国，所有未学的规矩也还须补学，这种工作乃为一生历程所必须经过的，而且有天才的人绝不会因此而阻抑他的天才，你千万别对此而生厌倦，一厌倦即退步矣。至于将来能否大成，大成到怎么程度，当然还是以天才为之分限。

我生平最服膺曾文正两句话："莫问收获，但问耕耘。"将来

成就如何，现在想他则甚？着急他则甚？一面不可骄盈自慢，一面
又不可怯弱自馁，尽自己能力做去，做到哪里是哪里，如此则可以
无入而不自得，而于社会亦总有多少贡献。我一生学问得力专在此
一点，我盼望你们都能应用我这点精神。

爹爹

1927年2月16日

03

成长比成功更重要

余　华
儿子的出生

　　我做了三十三年儿子以后，开始做上父亲了。现在我儿子漏漏已有七个多月了，我父亲六十岁，我母亲五十八岁，我是又做儿子，又当父亲，属于承上启下、继往开来的人。几个月来，一些朋友问我：当了父亲以后感觉怎么样？我说：很好。

　　确实很好，而且我只能这样回答，除了"很好"这个词，我不知道该怎么说。家里增加了一个人，一个很小很小的人，很小的脚丫和很小的手，我把他抱在怀里，长时间地看着他，然后告诉自己：这是我儿子，他的生命与我的生命紧密相连，他和我拥有同一个姓，他将叫我爸爸……

　　我就这样往下想，去想一切他和我相关的，直到再也想不出什么时，我又会重新开始去想刚才已经想过的。就这些所带来的幸福已让我常常陶醉，别的就不用去说了。

　　我儿子是以突然袭击的方式出现的，我和妻子毫无准备。

一九九二年十一月，我为了办理合同制作家手续回到浙江，二十天后当我回到北京，陈虹来车站接我时来晚了。我在站台上站了有十来分钟，她看到我以后边喊边跑，跑到我身旁她就累得喘不过气来，抓住我的衣服好几分钟说不出话，其实她也就跑了四五十米。以后的几天，陈虹时常觉得很累，我以为她是病了，就上医院去检查，一检查才知道是怀孕了。

那时候我一个人站在外面吸烟，陈虹走过来告诉我：是怀孕了。陈虹那时什么表情都没有，她问我要不要这个孩子。我想了想后说："要。"后来我一直认为自己当初说这话时是毫不犹豫的，陈虹却一口咬定我当时犹豫不决了一会儿，其实我是想了想。有孩子了，这突然来到的事实总得让我想一想，这意味着我得往自己肩膀上压点什么，我生活中突然增加了什么。这很重要，我不可能什么都不想，就说"要"。

我儿子最先给我们带来的乐趣，是从医院出来回家的路上，我和陈虹走在寒风里，在冬天荒凉的景色里，我们内心充满欢乐。我们无数次在那条街道上走过，这一次却完全不一样，这一次是三条生命走在一起，这是奇妙的体验，我们一点都感觉不到冬天的寒风。

接下来就是五个月的时候，有一天陈虹突然告诉我孩子在里面动了。我已经忘了那时在干什么，但我记得自己是又惊又喜，当我的手摸到我儿子最初的胎动时，我感到是被他踢了一脚，其实只是轻轻地碰了一下，我却感到这孩子很有劲，并且为此而得意扬扬。从这一刻起，我作为父亲的感受得到了进一步的证明，我真正意识到儿子作为一个生命存在了。

我的儿子在踢我。这是幸福的想法，他是在告诉我他的生命在行动、在扩展、在强大起来。现在我儿子七个多月了，他挥动着小手和比小手大一点的小脚，只要我一凑近他，他就使劲抓我的脸。我的脸常常被他抓破，即便如此，我还是常常将脸凑过去，因为我儿子是在了解世界，他要触摸实物，有时是玩具，有时是自己的衣服，有时就应该是他父亲的脸。

然后就是出生了。孩子没有生在北京，而是生在我的老家浙江海盐。我的父母都是医生，他们希望我和陈虹回浙江去生孩子。我儿子是一九九三年八月二十七日出生的，是剖宫产，出生的日子是我父亲选定的，他问我和陈虹："二十七日怎么样？"

我们说："行。"

陈虹上午八点半左右进了手术室，我在我父亲的值班室里等着，我将一张旧报纸看了又看，我一点都不担心，因为知道作为医生的我的父母都在手术室里，他们等候着孙儿的来临。我只是感到有些无所事事，就反复想想自己马上就要成为父亲了。我觉得这是一个有趣的事实，当然我更关心的是我儿子是什么模样。到九点半了，我听到我父亲在喊叫我，我一下子激动了，跑到外面看到父亲，他大声对我说："生啦，是男孩，孩子很好，陈虹也很好。"

我父亲说完又回到手术室里去了，我一个人在手术室外面走来走去，孩子出生之前我倒是很平静，一旦知道孩子已经来到世上，并且一切都好后，我反倒坐立不安了。过了一会儿，我母亲将孩子抱了出来，我母亲一边走过来一边说："太漂亮了，这孩子太漂亮了。"

我看到了我的儿子，刚从他母亲子宫里出来的儿子，穿着他祖母几天前为他准备的浅蓝色条纹的小衣服，睡在襁褓里，露出两只小手和小脸。我儿子的皮肤看上去嫩白嫩白的，上面像是有一层白色粉末，头发是湿的，黏在一起，显得乌黑发亮，他闭着眼睛在睡觉。一个护士让我抱抱他，我想抱他，可是我不敢，他是那么的小，我怕把他抱坏了。

那天上午阳光灿烂，从手术室到妇产科要经过一条胡同，当护士抱着他下楼时，我害怕阳光了，害怕阳光会刺伤我儿子的眼睛。有趣的是当护士抱着我儿子出现在胡同里时，阳光刚好被云彩挡住了。就是这样，胡同里的光线依然很明亮，我站在三层楼上，看到我儿子被抱过胡同时，眼睛皱了起来，这是我看到自己儿子所出现的第一个动作。虽然很多人说孩子出生的第一月里是没有听觉和视觉的，但我坚信我儿子在经过胡同时已经有了对光的感觉。

儿子被护士抱走后，我又是一个人站在手术室外面，等着陈虹被送出来。我在那里走来走去，这时我的感觉与儿子出生前完全不一样，我实实在在地感到自己是父亲了。一想到自己是父亲了，想到儿子是那么的小，才刚刚出生，我就一个人"嘿嘿"地笑。

我儿子在婴儿室里躺了两天，我一天得去五六次，他和别的婴儿躺在一起，浑身通红，有几次别的婴儿哇哇哭的时候，他一个人睡得很安详。有时别的婴儿睡的时候，他一个人在哭。为此我十分得意，我告诉陈虹：这孩子与众不同。

我父亲告诉我，这孩子是屁股先出来的，出来时一只眼睛睁着，另一只眼睛闭着，刚一出来就拉屎撒尿了。然后医生将他倒过来，在他背上拍了几下，他"哇"地哭了起来，他的肺张开了。

陈虹后来对我说，她当初听到儿子第一声哭声时，感到整个世界都变了。陈虹从手术室里出来时脸上挂着微笑。我弯下身去轻声告诉她我们的儿子有多好，她那时还在麻醉之中，还不觉得疼，听到我的话她还是微笑，我记得自己说了很多感谢的话，感谢她为我生了一个很好的儿子。

其实在知道陈虹怀的是男孩以前，我一直希望是女儿，而陈虹则更愿意是男孩。所以我认准了是女孩，陈虹则肯定自己怀的是儿子。这样一来，我叫孩子为女儿，陈虹一声一声地叫儿子。我给孩子取了一个小名，叫漏漏。在这一点上我们意见一致，因为我们并没有具体的要孩子的计划，他就突然来了。我说这是一条漏网之鱼，就叫他漏漏吧。

漏漏没有进行胎教，我和陈虹跑了几个书店，没看到胎教音乐，也没看到胎教方面的书籍。事情就是这样怪，想买什么时往往买不到，现在漏漏七个多月了，我一上街就会看到胎教方面的书籍和音乐盒带。我对胎教的质量也有些怀疑，倒不是怀疑它的科学性，现在的人只管赚钱，很少有人把它作为事业来做。

　　所以我就自己来教。陈虹怀孕三四个月时，我一口气给漏漏上了四节胎教课。第一节是数学课，我告诉他一加一等于二；第二节是语文课，我说，你是我儿子，我是你父亲；第三节是音乐课，我唱了一首歌的开头和结尾两句；第四节是政治课，是关于波黑局势的。四节课加起来不超过五分钟，其结果是让陈虹笑疼了肚子。至于对漏漏后来的智力发展有无影响我就不敢保证了。

　　陈虹怀漏漏期间，我们一直住在一间九平方米的平房里，三个大书柜加上写字台已经将房间占去了一半，屋内只能支一张单人床，两个人挤一张小床，睡久了都觉得腰酸背疼。有了漏漏以后，就是三个人挤在一起睡了。整整九个月，陈虹差不多都是向左侧身睡的，所以漏漏的位置是横着的，还不是臀位。臀位顺产就很危险，横位只能是剖宫产。

　　漏漏八月下旬出生，我们是八月二日才离开北京去浙江，这个时候动身是非常危险的了。我在北京让一些具体事务给拖住了，等到动身时真有点心惊肉跳，要不是陈虹自我感觉很好，她坚信自己会顺利到达浙江，我们就不会离开北京。

陈虹的信心来自还未出世的漏漏，她坚信漏漏不会轻易出来，因为漏漏爱他的妈妈，漏漏不会让他妈妈承受生命危险。陈虹的信心也使我多少有些放心，临行前我让陈虹坐在床上，我坐在一把儿童的塑料椅子里，和漏漏进行了一次很认真的谈话，这是我第一次以父亲的身份和未出世的儿子说话。具体说些什么记不清了，全部的意思就是让漏漏挺住，一直要挺回到浙江家中，别在中途离开他的阵地。

这是对漏漏的要求，要求他做到这一点，自然我也使用了贿赂的手段。我告诉他，如果他挺住了，那么在他七岁以前，无论他多么调皮捣蛋，我都不会揍他。

漏漏是挺过来了，至于我会不会遵守诺言，在漏漏七岁以前不揍他，这就难说了。我的保证是七年，不是十天，七年时间实在有些长。

儿子出生以后，给他想个名字成了难事。以前给朋友的孩子想名字，一分钟可以想出三四个来，给自己作品中的人物取个名字，也是写到该有名字的时候立刻想一个。轮到给自己儿子取个名字，就不容易了，怎么都想不好，整天拿着本《辞海》翻来看去。我父亲说干脆叫余辞海吧，全有了。

漏漏取名叫余海果，这名字是陈虹想的。陈虹刚告诉我的时候，我看一眼就给否定了。过了两天，当家里人都在午睡时，我将"余海果"这三个字写在一个白盒子上，看着看着觉得很舒服，嘴里叫了几声也很上口，慢慢地我越来越喜欢这个名字了；等到陈虹午睡醒来，我已经非这名字不可了。我对陈虹说："就叫余海果。"

儿子出生了，名字也有了，我做父亲的感受也是越来越突出。我告诉自己要去挣钱，要养家糊口，要去干这干那，因为我是父亲了，我有了一个儿子。其实做父亲最为突出的感受就是：我有一个儿子了。这个还不会说话，经常咧着没牙的嘴大笑的孩子，是我的儿子。

俞敏洪
成长比成功更重要

快乐是快乐之母

　　我女儿从小学钢琴，七岁时获得了"温哥华少儿钢琴比赛"第一名。八岁时就考了钢琴10级。在加拿大，10级是钢琴的最高级。当时，我太太以为家里就要出一个钢琴家了。于是，开始给女儿加量，本来是每星期学习一个半小时钢琴，增加到每星期五个小时。女儿一下子热情骤减，纠结了不到一年，就跟我说："老爸，我不学了，我对钢琴没有兴趣了。"我看着女儿，心想，这怎么办呢？我对女儿说："没有兴趣就不学了，不论你学不学钢琴，老爸都知道你曾经是'温哥华少儿钢琴比赛'的第一名。弹不弹钢琴你自己决定，这是老爸对你的一贯原则。"女儿很高兴地离开了，但是我太太不高兴，她坚持让女儿继续学下去。后来我和太太商量，在这个时期，让孩子停顿一段时间，帮助她安静下来，调整好情绪。因为在我看来，如果孩子没有兴趣，我们仍逼迫她继续学习，就会使她产生逆反心理。

一周后，我和女儿一起去听了一场音乐会。音乐会过后，我对女儿说："宝贝，你看，你钢琴弹得这么好，如果不继续弹下去挺可惜的。你以前学了那么多年，吃了那么多苦，说丢掉就丢掉了，我为你的那些付出感到委屈。以后你上高中、上大学，有同学聚会的时候，如果有同学唱歌，你要是能弹钢琴给他们伴奏，大家会觉得你很厉害的，是不是？还有，我当时让你学琴，是希望你将来能多一个伙伴，知道吗？长大后，每个人都会有很多孤单的时候，如果那时我和妈妈都不在你身边，能有一架钢琴陪伴你，你就不会感觉到孤单了，因为你能倾诉。我也经常有孤单的时候，但是我没有发泄情绪的渠道。有时，我特别希望自己能像你一样会一种乐器，那样我就可以把心中的郁闷、孤独弹出来或吹出来，那样我就会快乐很多。但是我不会，也没时间去学。所以，我不希望你将来像我这样，不希望你这么轻易就放弃钢琴，但是，我不会强迫你弹钢琴。"

后来，我发现，当我们不强迫女儿弹钢琴后，她反而自己去练琴了。有时写作业写累了，就去弹十五分钟左右的钢琴，然后继续写作业，写累了就再弹。这样一来，一个星期也能弹两三个小时。现在，她弹钢琴依然非常流畅，而且也开始对其他乐器感兴趣了。

半年前的一天，她说她想学打鼓，我说："好啊，买一套拉回家来练吧。"结果，练了一段时间后，她加入了温哥华青年交响乐队，在乐队里做鼓手。自信是一点点培养出来的，现在，她和同学们谈起音乐时，不仅有热情，而且很欣赏自己在音乐上的表现。孩子就是这样，快乐会让他们去追求更大的快乐。

三年前，我带她看了一场迪士尼冰上舞蹈，表演者都是前花样滑冰世界冠军，他们都穿着迪士尼服装表演。女儿从小就喜欢去迪士尼，看完之后很兴奋，对我说："我想成为冰上舞蹈冠军。"我心想："这怎么可能呢？那些冠军都是从六七岁开始学的，现在她已经十一岁了。"但我说："好啊，你去学吧。"

在国外，有很多滑冰场，收费也很便宜，一次大约两三美元。我太太给女儿请了一个教练教她学冰上舞蹈。因为她很喜欢，所以很努力，也很用功。平时，她每天早上八点都不起床，开始学冰上舞蹈以后，六点就去溜冰场练习了。她的动作很优美，教练对她的进步非常满意。可是，有一次，她跳起来做空中旋转360度的动作，落地时一不小心把脚给扭伤了，滑冰的梦想就此破灭了。后来，她不断发现新的梦想。现在，她又喜欢上了单板滑雪。这是一项对身体协调性和勇敢精神要求很高的运动，但她很愿意去练。我知道，只要热爱，就会有源源不断的动力。上周，她告诉我，今年夏天，她要去新西兰参加单板滑雪的活动和比赛。看到女儿对生活的热情日益高涨，我对她的成长也充满了期待。

美好的心境，美好的生活

　　父母要培养孩子有个美好的心境。我一直觉得，对于孩子来说，书本学习只是学习的一部分，培养他们美好的心境更重要。什么是美好的心境呢？就是热爱生命、热爱大自然的一种情绪状态。我们有多少家长曾经晚上带孩子出去看过星星呢？应该不多。前不久，我在网上看到一则新闻：某个省的中考作文题目是《满天的繁星告诉我们什么？》，有一个学生只写了一句话："请问老师，星星在哪里？"孩子能不知道星星在哪里吗？肯定知道。但是，孩子确实没有亲眼看见过。

　　有一次，我带着儿子和女儿去古巴的海边。当时正好是阴历十五的晚上，月亮从海上慢慢升起来，我们全家就坐在海边的沙滩上看月亮一点点升起，海浪推着月光一直在我们身边浮动，有一种"海上明月共潮生"的感觉，非常美。我们大概看了一个半小时，天气慢慢变凉了。我对两个孩子说："有点儿凉了，咱们回去吧。"我女儿说："我不想回去，我要看月亮升到我头顶上。"我陪她坐了三个小时。女儿从来没有这样一动不动地坐这么久，我知道，这种美景对她的心灵是有触动的。在回去的路上，女儿对我说："我发现世界是一体的。"我问她这话是什么意思。她说："你没发现吗？大海、月亮和人并没有分开。"女儿的话让我觉得，那一晚是有收获的，她对自然有了新的体验和发现。

现在，在我的培养下，女儿特别喜欢大自然。大自然的景色使她的胸怀更博大，增加了她对世界、对生命的热爱。我觉得，在孩子的一生中，客观环境会不断变化，他们能够改变的很有限，只有心境始终属于他们自己。父母帮孩子构建一个美好的心境，有助于他们超脱世俗的困扰和羁绊，达到一种更高的生命境界，使生活变得雅致、丰盈。

孩子的生命应该有诗意、雅致的部分，他们应该有懂得欣赏一切美好的能力。但是，现在国内的孩子很少有诗意的心情和雅致的生活，因为我们的教育过于急功近利，不给诗意和雅致成长的空间，这一课父母应该给孩子补上。

其实，"美好"二字与孩子的生活密不可分，当孩子的心灵充满诗意，处于一种对自然持久热爱的情绪状态时，他们的生活一定是美好的。

成长，比成功更重要

女儿每年回国时，我都会带她去一些贫困地区或少数民族地区走一走。前年，我带她去了青海；去年，我带她去了云南，让她看看贫困地区的孩子是怎样生活的。刚开始，我女儿在农村不敢上厕所，因为有些落后地区的厕所是建在外面的，上面架两块木板，非常简陋。我们是在夏天去的，天气很热，厕所里的木板下面有成千上万条蛆在蠕动。过去她只见过家里和宾馆的厕所，所以面对这样的厕所，她既不习惯，又害怕，但两三个月以后，她也就习惯了。所以说，很多东西是可以练出来的。

今年夏天回国，她独自参加了一个国外支援中国贫困地区农村教学的团队。她把自己穿小了的衣服都整理出来，带过去分给了她教的学生们穿。对此我很欣慰，因为我就是要培养女儿对生活的热爱和对他人的友爱之心。

孩子有两样东西不能少。一是对生命的热爱不能少。不管学业怎么样，哪怕没有读大学，只是读中专、大专，对生命和生活都要充满热爱之情。二是与人合作、与人分享的能力不能少。人是群居动物，相互之间需要给予和温暖。这是一种能力，也是一种责任，要让孩子有意识地承担。

前不久，女儿所在的学校举办了一个领导力培养训练营，只招15个人。结果，全校100多人报名，要考试、填表，还要自己写文章，最后还要面试。我女儿回家跟我说她报名了，准备参加。我和我太太都很吃惊，因为女儿内向，不爱在众人面前讲话。但我和我太太都点头说："好，我们支持你！"可我们却为她捏了一把汗。没想到，我女儿居然通过了面试。当时，主考官问她："你原来有领导力的经验吗？你为什么要参加这个领导力培养的训练营呢？"我女儿说："是这样的，我知道我没有领导力经验，但我爸爸是一个特别有领导力的人，他是我崇拜的对象，我要向我爸爸学习，将来做我爸爸那样的人。就因为我现在没有领导力，所以才希望进入这个领导力培养训练营，既为大家服务，也领导大家。"她的话把考官逗笑了，第三天结果公布了，一共录取15个人，她居然在里面。我对女儿的进步感到很欣慰，因为她从小是一个性格内向、不爱说话的孩子。现在，她能有这样的表现，说明她在成长，且充满自信，富于理想。

记得一位美国教授曾经对我说："你们中国的孩子活得太累。在他们的人生中，只有两个词——一个是'成功'，另一个是'拼搏'。"他还很奇怪地问我："你们不给孩子快乐，却口口声声说希望孩子幸福，这可能吗？"我们确实对成功过于着迷了，但我很清楚，对这一代孩子来说，他们的成功一定是建立在快乐的基础之上的。不然，在世界经济、文化交流一体化的未来，竞争越发激烈，没有快乐做基础，他们是走不远的。

作为父亲，我认为，成长比成功更重要。我希望孩子的学习成绩好，希望引导孩子充分发挥潜能，快乐地生活，做最好的自己。我不止一次对我的女儿说："你可以不成功，但不能不成长。"

叶兆言

真正不懂事的，有时是一些自以为是的大人

在文章中看见"逆反心理"几个字，有人说它是一种生理现象，表现在十六岁的女孩子身上尤其严重。在过去的一个月中，我充分领教了女儿的这种"逆反"，喊她干什么，硬和你对着干，晚上很晚睡，早上睡懒觉，忍不住就看无聊的电视，然后便大谈歌星。我不是个严厉的父亲，却是个唠唠叨叨的大人。女儿出国前的一个月，我们之间并不是很愉快，发生过激烈争执，数量相当于她长到十六岁的总和。老实说，我们都很失望。

我一次又一次失态，有一天，竟然动手打了她。一直到现在，我都不明白为什么会发生这样的战争。自从女儿出国定下来后，我一直都在为她操心，起码自己觉得是这样。在父母的眼里，孩子永远长不大，我们不停地要求这，要求那。作为父亲，我不明白为什么只看到女儿的缺点。女儿会弹钢琴，一次又一次考上重点学校，这次又以出色的成绩，获得出国留学一年的机会。她毕竟只是个中

学生，我不明白自己还希望她怎么样。我为她在异国他乡的遭遇烦神，有个美国朋友来做客，他正翻译我的一部长篇小说，挺真诚地说："你的女儿英语很好！"一个来旅游的英国女孩，在我们家住了一个星期，用英语和她整晚聊天，谈喜欢的流行音乐，谈男生女生，可是我对女儿的英语程度还不放心，老是和尚念经一样地让她再背些单词。我知道自己在女儿眼里很可笑，很愚蠢，越是可笑愚蠢，越要老生常谈。女儿出国前的十天，有机会去上海与曾经留过学的中学生联欢，她很希望我们全家一起去，我一口拒绝了，理由是有稿子要赶，女儿很失望，她知道自己有一个很没有情调的父亲，所以没再坚持。

　　我总是让女儿再用点功，要她记日记，要她看一两本名著。在这一个月中，我完全失控，一看到她看报纸的娱乐版，把频道锁定在无聊的肥皂剧上，嗓门立刻大起来，动不动就把她弄得眼泪汪汪。有一天，她去买东西，丢了一顶帽子，我竟然很生气地让她去找回来。我不是心疼帽子，而是她什么东西都不知爱惜，出国后会为此吃苦头。这是很无聊的大动肝火，我平时很宠女儿，因为无原则的放纵，妻子总说我把孩子给宠坏了。也许担心她出国不能自理，也许担心她出国会过于放纵，我突然失去了理智，变得连自己想起来都觉得可憎。不仅我不讲道理，女儿也变得非常蛮横。我们成天吵，吵得大家都伤心，不仅伤心，甚至寒心，以至于大家都希望早日成行。终于到了八月九日，去上海机场送她，临上飞机，她悄悄塞给母亲一个小本子，上面密密麻麻的全是字。她的母亲已经在伤心流泪，看到小本子上的这些信，更是泪如雨下。

　　我做梦也没想到女儿会留下如此美丽的日记。她希望我们在思念她的时候，就翻翻这小本子。作为父母，总觉得女儿不懂事，可日记上的内容，分明让我们明白，真正不懂事的，是一些自以为是的大人。其实，何止女儿有点逆反心理，扪心自问，我们自己的心态也早就失衡了，变得不可理喻。我曾经一再感叹，觉得女儿没什么爱心，因为现实生活中，差不多都是父母在为她服务，帮她叠被子，帮她倒水，半夜里起来帮她捉蚊子，强迫她喝牛奶……也许因为那些本能的爱，我们已经有些畸形，却忽视了一个最简单的事实，这就是女儿已长大。她不再需要婆婆妈妈的唠唠叨叨，需要的是另一种关爱，是理解。我不得不说自己深深地为女儿感动，女儿日记中表现出的那种爱，那种宽容，那种对父母的理解，让我无地自容。

徐则臣
可能所有认真的爱，归根结底都不会是儿戏

巴顿：

现在你只有一岁零九个月，但你已经让我享受了三十个月的做父亲的幸福，你要接受我的感谢。从我知道你已经做好了来到这个世界的准备，从我第一次听见你在你妈妈肚子里的胎心的振动，我就习惯了把自己称作一个"当爹的人"。我是如此珍惜这个称谓，九百天里，一分钟都不曾忘记。我会抱你、亲你，在你睡着的时候把耳朵贴到你的小鼻子底下听你呼吸，以确认你和醒着的时候一样好好的；我会把你抱到镜子前，看你和我长得有多么像，有生以来我从没有如此自豪自己的长相，世界上竟会有一个小东西长得和我一模一样，"像一个模子里刻出来的"——遗传的神奇让我深感作为父亲的荣耀。当然，当爹的幸福无原则地多：你哭，你笑，你闹，你发呆；你在梦里吧唧嘴，咯咯地笑出声来；你每天早上醒来第一声总是喊"爸爸"；你喜欢坐在爸爸的肚皮上骑大马，说

"up up down"；你会穿着尿不湿偷偷地靠近爸爸，一屁股坐到我的脸上，然后坏坏地大笑——所有这些，都在深切地提醒我，因为有你，无论如何我不会是一个孤独的人。我小心翼翼地守着这些依赖，记下你第一次开口说的每一个字词，我出差尽量不超过一周，我担心在外时间久了，回到家你就不认识我了。

我对你有无尽的爱，跟每一个父亲对孩子的爱一样。我给你取小名叫巴顿，只是因为这个名字可爱、响亮，希望你硬实、快乐、磊落地成长，跟那个雄赳赳气昂昂的美国四星上将没关系。也许你必将经历波澜壮阔的人生，但是我最希望的事情却可能是，你做好一个健康快乐的普通人。让自己安于做一个普通人有多难，长大了你会知道。我没给你办满月酒，没搞周岁宴请，也没让你抓周。我担心过于仪式化，会让自己从此变得迷信，我不想在任何心理暗示的背景下，引导你沿别人的道路成长。我努力只在最朴素的意义上表达一个父亲对儿子的爱。我力求让自己、让你、让生活，顺其自然。

当然，如果说我还有什么隐秘的愿望，那就是希望你能喜欢上读书。不是为了让你成为一个"博学"的人，也不是为了让你当一个和爸爸一样的作家，而是要让你明白，世界上有无数种生活和人生，要从书本中获取足够的能力和平常心去做一个普通人。即使以后你有了天大的抱负，你也要以平常人的平常心去看待这抱负，不急功近利，不怨天尤人，不好高骛远，不志大才疏，你要为你的理想兢兢业业、踏踏实实地往前走。实现了固然可喜，失败了也要坦然视之。就像爸爸现在这样，可以花好多年写一本书，仅仅因为我喜欢，多少年里努力去把它写好，至于能否写好，尽力之外的事情已经与你无关了。

儿子，爸爸本来是想写一封能让你笑出声来的信。虽然你有很多话还不会说，但我知道你都听得懂。你还不会走的时候，爸爸读诗、念故事、朗诵爸爸的小说给你听时，你躺在小床里一动不动，两眼瞪得溜圆，那时候你不说话爸爸就知道你都明白。可是这封信写着写着，我就让人厌烦地严肃起来，希望你不要烦，别转身就跑掉，看在我每次读书给你听都努力克服口音务求字正腔圆的费力劲儿上，你要理解：可能所有认真的爱，归根结底都不会是儿戏。

好，我们继续说读书的事。我把家里旮旮旯旯的东西都瞅了一遍，最后发现，能作为成长的营养给你的，只有我的六大橱书。你要知足，这些都是爸爸多年来精挑细选留下的最好的书。这些书里有你成长所需要的几乎一切东西，包括你不可能再有的乡村。这个爸爸小时候有。出门就是野地，就是自然，就是麦田、草木、河流和牛羊成群，但是爸爸找不到几本书。我在梁头、墙角、床底下和抽屉里搜到的几本掐头去尾的小说，很多年后才知道它们是《艳阳天》《金光大道》和《小二黑结婚》。但是爸爸有乡村，有端着饭碗可以吃遍半个村庄的街坊邻居，有家里养的一头水牛、两只小狗、三只花猫和一群鸡、一群鸽子和一群兔子。现在这些你都没有，你看不见草生长，看不见玉米和稻麦拔节，你也看不见猫和狗一起守护两只鸡在草垛边寻食，看不见小牛想妈妈时也会掉眼泪；你能看见的是这个城市里，对门和隔壁一年到头关门上锁，看见同龄的孩子被父母和祖父母、外祖父母抱在怀里，手举起碰到一片树叶也得用消毒湿纸巾擦干净，看见满街的人都藏在车里，中关村大街像一条流动的钢铁河流，你看见一个老人坐在路边小声说话，路人都要躲着走。

你看到的爸爸都看到了；爸爸看到的，你没看到。那个时代过去了，你无须经历，但我希望你能看到。我的书橱里有。我可以把那些故事讲给你听，你长大了也可以自己读；你能看到的和你看不到的加起来，才是一个完整的世界。你可以从容地读完的每一本书都会善始善终，生活不会随便在前后的章节里失踪。爸爸希望那些书能让你成为一个健全的、自然的、可以俯仰天地之大、品察万类之盛的人。普通人必须依靠这些最基本的事实和真理才能心安地活着。

道理讲大了你听着会累，你才二十一个月，儿子，话说多了听着你也会烦。说个高兴的，爸爸决定六月六号再给你理一个阿福头，只在头顶上留一小圈头发。四月给你理过，你很喜欢，逢人就指着头发说"爸爸"。你在镜子里也指过爸爸的头发，又指指自己的，让我也理你那种发型。不行，爸爸要顶着阿福头出门，全世界都会笑疯的。爸爸只给你理，这样我看见你时，就像在照镜子，就当爸爸也理了一个只有你能看见的阿福头。你和爸爸长得如此之像，你是爸爸的好儿子。

三天后，你的第二个儿童节就到了。爸爸给你准备了一个小礼物，祝你节日快乐。

广西北海

2013年5月29日

陶行知

预备钢头碰铁钉——给吴立邦小朋友的信

立邦小朋友：

接读你的好信，如同吃甘蔗一样，越吃越有味。

世上有十八岁的老翁，八十岁的青年。要想一世到老都有青年的精神，就须时常与青年人往来，所以我很愿意和青年人通信，尤其欢喜和小孩子通信。平时得小孩子的一封信，如得奇宝；看过了即刻就写回信；回了信就把它好好地收藏起来。每逢疲倦的时候，又把它打开一读，精神就立刻加增十倍。小朋友的信啊，你是我精神的泉源！

国家是大家的。爱国是个人的本分。顾亭林先生说得好："天下兴亡，匹夫有责。"我觉得凡是脚站中国土地，嘴吃中国五谷，身穿中国衣服的，无论男女老少，都应当爱中国。不过各人所处地位不同，爱国的方法也不能尽同。小孩们用心读书，用力体操，学做好人，就是爱国。今天多做一分学问，多养一分元气，将来就能为国家多做一份事业，多尽一份责任。你说等到年纪长大点也要服务社会，这是很好的志尚。社会的范围很不一定，大而言之就是天下；小一点就是国家；再小就是一省，一县，一村；再小就是我们自己的家庭。大凡服务社会，要"远处着眼，近处着手"。学生在学习服务社会的时候，可以从自己的家里学起、做起。一面学，一面做；一面做，一面学。我们需要在家里服务的事也很多，把不识字的家庭化为识字的家庭，就是这许多事当中的一种。府上既住在学校附近，这就是你自己家里试办平民教育的机会。家庭里的平民教育适用连环教学法，你可请教令亲鸣岐先生。家里办好了，再推广到左右邻居，这事就是治国平天下的入手办法。

你信上说到贵处的老太婆们如何顽固，如何不易开通，这也是自然的现象。我们在社会上做事就要预备碰钉子。我在这几个月当中，也碰了四五个钉子。碰钉子的时候有两个法子解决：第一是硬起头皮来碰，假使钉是铁做的，我们的头皮就要硬到钢一样，叫铁钉一碰到钢做的头皮就弯了起来；第二是要把我们的热心架起火来，把钉子烧化掉。我们只怕心不热，不怕钉子厉害，你看如何？

你说隆阜平民学校有个六十九岁的老太太也报名了。这是我们平民教育的大老了。陈鹤琴先生的老太太现在六十五岁，也读《千字课》。安徽教育厅里，夫役读《千字课》的也有二位六十五岁的老翁，我亲自教了他们两课。晏阳初先生说他最老的学生是六十七岁。所以隆阜那位老太太是我们平民教育最老的学生。请你把她的姓名告诉我。我要叫天下人都晓得这件事，好叫那些年富力强的人都发奋起来。再请你代我向这位老太太表示敬意。从前中国有七十岁的老状元，现在有七十岁的老学生，老识字国民，岂不是一件最可庆贺的事吗？如果你能时常的去帮助这位老太太学习，那就更加好了。你说徽州没有好的男学校，所以暂在隆阜读书。歙县第三中学办得不错，教员皆是有学问有经验的，明年可以试试看。

　　承你的好意，叫我回徽州来帮助大家提倡平民教育。这句话触动了我无限的感慨。我已经离开家乡十三年，恰好和你的年岁相等。每次读渊明公的《归去来兮辞》，我想回来一趟，但是总没有工夫。因为来往要一个月，我是个很忙的人，怎么可以做得到呢？今年夏天，南京来了四架飞机，我就想借用一架飞回徽州，半天可以来往。管飞机的人说徽州平地少，不易下来，只好将来再谈。现在休宁人金慰侬先生制造一种浅水艇，如果办得成功，从杭州到屯溪只要十八个钟头。我现在一面学游泳，一面等金慰侬先生的计划成功。我想我不久总要回来看看我的亲戚朋友，特别要看的是小朋友。不过小朋友们看见我怕要像下面两句诗所说的景况："儿童相见不相识，笑问客从何处来。"现在已经夜深了，以后再谈。敬祝康健！

　　　　　　　　　　　1924年1月5日在联和船上写的

傅　雷
赤子孤独了，他会创造一个世界

亲爱的孩子：

　　元旦一手扶杖，一手搭在你妈妈肩上，试了半步，勉强可走，这两日也就半坐半卧。但和残废一样，事事要人服侍，单独还是一步行不得。大概要再养息一星期方能照常。

　　早预算新年中必可接到你的信，我们都当作等待什么礼物一般地等着。果然昨天早上收到你（波10）来信，而且是多少可喜的消息。孩子！要是我们在会场上，一定会禁不住涕泗横流的。世界上最高的最纯洁的欢乐，莫过于欣赏艺术，更莫过于欣赏自己的孩子的手和心传达出来的艺术！其次，我们也因为你替祖国增光而快乐！更因为你能借音乐而使多少人欢笑而快乐！想到你将来一定有更大的成就，没有止境的进步，为更多的人更广大的群众服务，鼓舞他们的心情，抚慰他们的创痛，我们真是心都要跳出来了！能够把不朽的大师的不朽作品发扬光大，传布到地球上每一个角落去，这是多神圣、多光荣的使命！孩子，你太幸福了，天待你太厚了。

我更高兴的更安慰的是：多少过分的谀辞与夸奖，都没有使你丧失自知之明，众人的掌声、拥抱，名流的赞美，都没有减少你对艺术的谦卑！总算我的教育没有白费，你二十年的折磨没有白受！你能坚强（不为胜利冲昏了头脑是坚强的最好的证据），只要你能坚强，我就一辈子放了心！成就的大小高低，是不在我们掌握之内的，一半靠人力，一半靠天赋，但只要坚强，就不怕失败，不怕挫折，不怕打击——不管是人事上的，生活上的，技术上的，学习上的打击；从此以后你可以孤军奋斗了。何况事实上有多少良师益友在周围帮助你，扶掖你。还加上古今的名著，时时刻刻给你精神上的养料！孩子，从今以后，你永远不是孤独的了，即使孤独也不怕了！

"赤子之心"这句话，我也一直记住的。赤子便是不知道孤独的。赤子孤独了，会创造一个世界，创造许多心灵的朋友！永远保持赤子之心，到老也不会落伍，永远能够与普天下的赤子之心相接相契相抱！你那位朋友说得不错，艺术表现得动人，一定是从心灵的纯洁来的！不是纯洁到像明镜一般，怎能体会到前人的心灵？怎能打动听众的心灵？

斯曼齐安卡说的肖邦协奏曲的话，使我想起前两封信你说Richter（李赫特）弹柴可夫斯基的协奏曲的话。一切真实的成就，必有人真正地赏识。

音乐院院长说你的演奏像流水，像河，更令我想到克利斯朵夫的象征。天舅舅说你小时候常以克利斯朵夫自命；而你的个性居然和罗曼·罗兰的理想有些相像了。河、莱茵、江声浩荡……钟声复起，天已黎明……中国正到了"复旦"的黎明时期，但愿你做中国的——新中国的——钟声，响遍世界，响遍每个人的心！滔滔不竭的流水，流到每个人的心坎里去，把大家都带着，跟你一块到无边无岸的音响的海洋中去吧！名闻世界的扬子江与黄河，比莱茵的气势还要大呢！……黄河之水天上来，奔流到海不复回！……无边落木萧萧下，不尽长江滚滚来！……有这种诗人灵魂的传统的民族，应该有气吞牛斗的表现才对。

你说常在矛盾与快乐之中，但我相信艺术家没有矛盾不会进步，不会演变，不会深入。有矛盾正是生机蓬勃的明证。眼前你感到的还不过是技巧与理想的矛盾，将来你还有反复不已更大的矛盾呢：形式与内容的枘凿，自己内心的许许多多不可预料的矛盾，都在前途等着你。别担心，解决一个矛盾，便是前进一步！矛盾是解决不完的，所以艺术没有止境，没有perfect（完美）的一天，人生也没有perfect的一天！唯其如此，才需要我们夜以继日，终生地追求、苦练；要不然大家做了羲皇上人，垂手而天下治，做人也太腻了！

我倒不明白你为什么穿绸衬衫。第一，绸衬衫容易皱；第二，欧洲人习惯都不用绸子做衬衫。他们最讲究的也是荷兰细布（近乎府绸一类）。穿上大礼服更是要穿烫得像纸板一般硬的衬衫。照理穿考究衬衫，不能连领子，要另外戴硬领的；袖子也要另外加套纽扣，不是普通纽扣。你来信都未提，我们做起来倒很为难。

大礼服究竟做了没有？做好了马上得穿上硬衬衫，戴上硬领，关起门来练两三天琴（当然礼服也要穿在身上）。平日我们穿了不做事也怪拘束，一切动作皆不如意。弹琴更苦。我前几封信老问你大礼服的事，便是担心这一点。事前一定要在家试穿好几次，穿了练琴，习惯以后方能上台。要不然临时要吃大苦的。孩子，千万记住！这与你的比赛成绩有关，马虎不得！

第二件事要提醒你：比赛规则上写明初、复、决三次的分数，最后要加起来总平均的。也许你未细看规则，故特别和你一提。

头发水已托马先生带去了。绸衬衫能赶做好，也给你带去。但这几日是旧历新年，工人都回家，绸衬衫无现成的，必须定制；是否能赶上马先生的行期，不得而知。

送礼的东西，带去不易；送的时候要多考虑，先决定人选，再拣东西。尤其是黄宾翁的山水，必须拣真懂画真爱画的人赠送。齐白石的作品是否有单张印刷品，待过几天妈妈上书店去查问。

今年青年节代表团出国时，我预备托他们带些小古董。你若需要日用品，可早日来信告知，以便准备。

你一月二十日去华沙，两星期后回克拉可夫，则此信到时，你大概刚回去。

比赛期间，你当然忙；但若能于每个阶段完毕时来一封信，报告一下演奏情形及别人的成绩，我们是当作宝贝看的。有些细节，日子久了会忘掉；在比赛中间告一段落时写，也是保存材料之一法。

托马先生带的共四件：第一批两件是由王棣华带京的，第二批两件是由陈又新的亲戚带京的。共是纸筒两个、小木箱一个、小包一个。

手套收到没有？

祝你快乐！

爸爸

1955年1月26日元月初三

04

我们彼此的人生是独立的

梁晓声
只要你认为你是对的，谁也别怕

　　我曾以为自己是缺少父爱情感的男人。

　　结婚后，我很怕过早负起父亲的责任。因为我太爱安静了。一想到我那十一平方米的家中，响起孩子的哭声，有个三四岁的男孩儿或女孩儿满地爬，我就觉得简直等于受折磨，有点儿毛骨悚然。

　　妻子初孕，我坚决主张"人流"。为此她倍感委屈，大哭一场——那时我刚开始热衷于写作。哭归哭，她妥协了。

　　妻子第二次怀孕，我郑重地声明：三十五岁之前决不做父亲。她不但委屈而且愤怒了，我们大吵一架——结果是我妥协了。

　　儿子还没出生，我早说了无穷无尽的抱怨话。倘他在母腹中就知道，说不定会不想出生了。妻临产的那些日子，我们都惴惴不安，日夜紧张。

　　那时，妻总在半夜三更觉得要生了。已记不清我们度过了几个不眠之夜，也记不清半夜三更，我搀扶着她去了几次医院。马路上不见人影，从北影到积水潭医院，一往一返慢慢地小小心心地走，大约三小时。

每次医生都说："来早了，回家等着吧！"

妻子哭，我急，一块儿哀求。哀求也没用。

始终是那么一句话："回家等着，没床位。"

有一夜，妻看上去很痛苦，但她咬紧牙关，一声不吭。她大概因为自己老没个准儿，觉得一次次地折腾我，有点儿对不住我。可我看出的确是"刻不容缓"了——妻已不能走。我用自行车将她推到医院。

医生又训斥我："怎么这时候才来？你以为这是出门旅行，提前五分钟登上火车就行呀！"

反正你要当父亲了，当然是没理可讲的事了。

总算妻子生产顺利，一个胖墩墩的儿子出世了。

而我是半点儿喜悦也没有的，只感到舒了口气，卸下了一种重负。好比一个人的头被按在水盆里，连呛几口之后，终于抬了起来……

儿子一回家，便被移交给一位老阿姨了。我和妻住办公室。一转眼就是两年。两年中我没怎么照看过儿子。待他会叫"爸爸"后，我也发自内心地喜爱过他，时时逗他玩一阵。但是从所谓潜意识来讲是很自私的——为着解闷儿。心里总是有种积怨，因为他的出生，使我有家不能归，不得不栖息在办公室。

夏天，我们住的那幢筒子楼，周围环境肮脏。一到晚上，蚊子多得不得了。点蚊香，喷药，也是起不了多大作用的。蚊子似乎对蚊香和蚊药有了很强的抵抗力。

有天早晨我回家吃早饭，老阿姨说："几次叫你买蚊帐，你总拖，你看孩子被叮成什么样了？你真就那么忙？"

我俯身看儿子，见儿子遍身被叮起至少三四十个包，脸肿着。可他还冲我笑，叫"爸……"。我正赶写一篇小说，突然我认识到自己太自私了。我抱起儿子落泪了……

当天我去买了一顶五十多元的尼龙蚊帐。上海文艺出版社的编辑修晓林初次到我家，没找到我。又到了办公室，才见着我。我挺兴奋地和他谈起我正在构思的一篇小说，他打断我说："你放下笔，先回家看看你儿子吧，他发高烧呢！"

我一愣，这才想起——我已在办公室废寝忘食地写了两天。两天内吃妻子送来的饭，没回过家门——从这些方面讲，我真不是一位好父亲。如今儿子已经五岁了，我也已经三十九岁半了。人们都说儿子是个好儿子，许多人非常喜欢他。我的生活中，已不能没有他了。我欠儿子的责任和义务太多，至今我觉得对儿子很内疚。我觉得我太自私。但正是在那一两年内，我艰难地一步步地向文坛迈进。对儿子的责任和自己的责任，于我，当年确是难以两全之事。

儿子爱画画，但我从未指导过他。尽管我也曾爱画画，指导一个五岁多的孩子，那点儿基础还是够用的。

儿子爱下象棋。我给他买了一副象棋，却难得认真陪他"杀一盘"。他常常哀求："爸爸，和我杀一盘行不行啊？"结果他养成了自己和自己下象棋的习惯。

记得我有一次到幼儿园去接儿子，阿姨对我说："你还是作家呢，你儿子连'一'都写不直，回家好好下功夫辅导他吧！"

从那以后，我总算对儿子的作业较为关心。但要辅导他每天写完幼儿园的两页作业，差不多也得占去晚上的两个小时。而我尤视晚上的时间更为宝贵——白天难得安静，读书、写作全指望晚上的时间。

儿子曾有段时间不愿去幼儿园。每天早晨撒娇耍赖，哭哭啼啼，想留在家里。我终于弄明白，原来他不敢在幼儿园做早操。他太自卑，太难为情。以为他的动作，定是极古怪的，定会引起哄笑。

我便答应他，做早操时，到幼儿园去看他。我说话算话。他在院内做操，我在院外做操。有了我的奉陪，他的胆量壮了。

事后我问他："如果你连当众伸伸胳膊踢踢腿都不敢，将来你还敢干什么？比如看见一个小偷在公共汽车上扒人家腰包，你敢抓住他的手腕吗？"

他沉吟许久，很严肃地回答："要是小偷没带刀，我就敢。"

我笑了，先有这点儿胆量也行。

我又对他说："只要你认为你是对的，谁也别怕。什么也别怕！"

我希望我的儿子在这一点将来像我一样。谁知道呢？

总而言之，我不是位尽职的父亲。儿子天天在长大，今年就该上学了。我深知我对他的责任，将更大了。我要学会做一位好父亲，去掉些自私，少写几篇作品，多在他身上花些精力。归根结底，我的作品，也许都微不足道。但我教育出怎样一个人交给社会，那不仅是我对儿子的责任，也是我对社会的责任。

我不希望他多么有出息——这超出我的努力及我的愿望。

我开始告诉儿子……

儿子九岁。明年上四年级。

我想，我有责任告诉他一些事情。

其实我早已这样做了。

儿子爱画画，于是有朋友送来各种纸。儿子若自认为画得不好，哪怕仅仅画一笔，一张纸便作废了。这使我想起童年时的许多往事。有一天我命他坐在对面，郑重地严肃地告诉他——爸爸读小学三年级的时候，从来没见过一张这么好的纸。爸爸小时候也爱画。但所用的纸，是到商店去捡回来的，包装过东西的，皱巴巴的纸。裁了。自己订了。便是那样的纸，也舍不得画一笔就作废的。因为并不容易捡到。那一种纸是很黑很粗糙的。铅笔道画上看不清。因为那叫"马粪纸"……

"怎么叫'马粪纸'呢？……"

于是我给他讲那是一个怎样的年代。在那样的一个年代，几乎整整一代共和国的孩子们，都用"马粪纸"。一流大学里的教授们的讲义，也是印在"马粪纸"上的。还有书包，还有文具盒，还有彩色笔……哪一位像我这种年龄的父母，当年不得书包补了又补，文具盒一用几年乃至十几年呢？

……

"爸爸，我拿几毛钱好吗？"

"干什么？"

"想买一支雪糕吃。"

我同意了。几毛钱就是七毛钱。因为一支雪糕七毛钱。

于是儿子接连每天吃一支雪糕。

有一天我又命他坐在对面，郑重地严肃地告诉他，七毛钱等于爸爸或妈妈每天工资的一半。爸爸从小学一年级到六年级，总共吃了还不到三四十支，当然并非雪糕，而是"冰棍"。且是三分钱一支的。舍不得吃五分一支的。更不敢奢望一毛一支的。只能在春游或开运动会时，才认为自己有理由向妈妈要三分钱或六分钱……

我对儿子进行类似的教育，被友人们碰到过几次。当着我儿子的面，友人们自然是不好说什么的。但背过儿子，皆对我大不以为然。觉得我这样做父亲，未免的煞有介事。甚至挖苦我是借用"忆苦思甜"的方法。

友人们的"批判"，我是极认真地想过的。然而那很过时的，可能被认为相当迂腐的方法，却至今仍在我家里沿用着。也许要一直沿用到儿子长大成人。打算在他干脆将我的话当耳旁风的时候打住。

所幸现今我告诉了他的，竟对他起到了一定的影响。

一次，儿子把作业本拿给我看，虔诚地问："爸爸，这一页我没撕掉。我贴得好吗？"

那是跟我学的方法——从旧作业本上剪下一条格子，贴在了写错字的一页上。

我是从来舍不得浪费一页稿纸的，尽管是从公家领的。

那一刻我内心里竟十分激动。情不自禁地抱住他亲了一下。

"爸爸，你为什么哭呀？"

儿子困惑了。

我说："儿子啊，你学会这样，你不知爸爸多高兴呢！"

我常常想，我们这一代人中的绝大多数，都是拉扯着我们父母的破衣襟，跟着共和国趔趄的步子走过来的。怎么，我们的下一代消费起任何东西时的那种似乎理所当然和毫不吝惜的损弃之风，竟比富有之家的孩子们要甚得多呢？仿佛我们是他们的富有得不得了的爸爸妈妈似的。难道我们自己也荒诞到这么认为了吗？如果不，我们为什么不告诉他们一些他们应该知道的事呢？

我的儿子当然可以用上等的复印纸习画，可以有许多彩色笔，可以不必背补过的书包，可以想吃"紫雪糕"时就吃一支……

但他必须明白，这一切的确便是所谓"幸福"之一种了！

我可不希望培养出一个从小似乎什么也不缺少，长大了却认为这世界什么都没为他准备齐全，因而只会抱怨乃至憎恶的人。

无忧无虑和基本上无所不缺，既可向将来的社会提供一个起码身心健康的人，也可"造就"成一批少爷。

而这个国家这个民族，是再也养不起那么多少爷的。现有的已经够多的了！

难道不是吗？

少爷小姐型的一代，是对任何一个国家一个民族最大的报应。而对一个正在觉醒的民族，则简直无异于是报复。

曾奇峰

一个人活着的价值，就在于自己可以做出选择

亲爱的小人：

之所以叫你"小人"，有两个原因：一是我第一次看见你的时候，你的确很小啊，胳膊腿细得像我的手指；二是"小人"这个词稍带贬义，就算是对你有时候调皮而我又对你没什么办法的一种"报复"吧。

首先我想对你说抱歉，因为我们没有征得你的同意，就让你来到了这个世界上。也许你觉得好笑，你都没有出生，怎么可能征求你的意见呢？

但爸爸这样说是认真的，人生有很多自己做不了主的事情，出生就是最开始的那一件，死亡是最后的那一件。当然，不仅仅是你，我们周围所有的人，都是这样莫名其妙地来到这个世界上，后来又不得已才离开的。

爸爸和妈妈也是这样来到这个世界上。我们在生活了二三十

年后，觉得这个世界还不错，就决定让你也来看看。所谓不错的意思，就是这个世界有很多有趣的地方，但它却并不完美，还有很多不那么好的，甚至丑恶的地方。甚至有一些人认为，人生不如意的事情占十分之八或者九，这在人的一生中真的占很大的比例了。当然，有更多的人认为，人生的大部分是很美好的。

不论你以后怎么看待生活，爸爸都想跟你订一个"君子协议"：如果你觉得这个世界精彩又好玩，你不必谢谢我们；如果你觉得人生痛苦又无趣，你也不责怪我们，好吗？

有一些父母觉得，自己把孩子带到了这个世界上来，而且把孩子养大，所以孩子应该感恩。现在你知道了吧，把孩子带到这个世界上来，最多是件不好不坏的事情；而养育孩子，则是父母应尽的责任和义务。法律规定，不养育孩子的父母，是要负法律责任，并且会遭到众人的谴责的。从这个意义上来说，父母养育孩子，最低限度只是没犯法而已。我们不必对仅仅没犯法的人说，谢谢你啊。

你的出生，是我一生中最重要的事情。从此我升级为爸爸，这可是一个人一生中最大的"升迁"。八年来，你一直都在教我怎么做一个好的爸爸，你教得很好，我呢，也在不断地努力学习着。

你出生之前，爸爸只是做着你奶奶的儿子，无止无休地接受着奶奶的爱，而没有学会怎么给予爱。爸爸想告诉你，学习爱和被爱，是人生最重要的功课。

有了你之后，爸爸才学会了怎么给予爱。你以前是那么弱小，而你以你的弱小衬托了我的强大。在你感到害怕搂着我的时候，在你让我为你打开矿泉水瓶盖的时候，从你无比欣赏和崇拜的眼神里，我感受到了自己的价值和能力，我觉得这是这个世界上最真诚的信任和赞美呢。爸爸从你那里得到的荣誉和鼓舞，远远地超过了从其他方面得到的。

爸爸是别人的心理医生，而你却是爸爸的心理医生。在爸爸的内心变得不那么宁静的时候，你的纯真灿烂的笑容可以很快让我从心灵的泥潭中走出来，变得跟你一样轻松和快乐。看心理医生是需要花钱的哦，所以我还欠你一大笔治疗费呢。

你的出生，还延伸了我的生物学存在，使记忆了我的信息的基因可以在这个星球上持续地存在下去。人来到这个世界上，迟早都会离去的，但因为你，爸爸即使离开了，却还有一些东西留着，这会让爸爸觉得很安心、很自豪呢。

你还让我学会了爱自己，不以自己的牺牲来换取对你的控制权利。

有些不那么会做父母的人，把自己弄得惨兮兮的，他们会对孩子说，为了你，我舍不得吃、舍不得穿、拼命地工作等。他们这样做，实际上是想操控孩子，使孩子丧失维护自己权利的伦理立场和道德勇气，对父母哪怕是无理的要求，都无条件地服从。

我从来不认为父母都是对的，父母都是从孩子慢慢变成的，既然孩子可能犯错误，变成了父母后同样也会犯错误，怎么可能一变成父母就不会犯错误了呢？而且，没有人天生就是好父母，任何人都必须向自己的孩子学习，才能慢慢地变成好父母的。所以孩子应该是父母的老师啊。

我永远都不会跟你谈孝顺爸爸妈妈的事。因为我觉得，如果在你小时候我们对你很好的话，我们老了你自然会对我们好的；我不想把这样自然而然的事情，当成伦理道德的压力施加给你。就像我会自然而然享受美食，而不必总是给自己强调，不吃饭就会死去一样。

自然的力量是很强大的，而把孩子对父母的自然的爱，硬性规定成一个道德准则，是大家犯的一个最为愚蠢的错误。

我甚至不会对你说将来要对你的公公婆婆好，因为我知道，一个心中有自然而然的爱的情感的人，也会自然而然地爱她的爱人的亲人。这样的爱，可以给你幸福，也可以使跟你有关的人幸福。

你一定要问，这个世界上为什么有那么多对父母不孝的人呢？爸爸告诉你，孩子的不孝，是继发性的、反应性的。简单地说，一个孩子如果在小时候没有得到父母高品质的爱，那他或者她也就没有爱的能力，所以就对父母也没有爱了。

孩子出生时几乎就是一张白纸，爱和恨的能力，都是后来学会的，而学习的主要对象，就是父母。抚养你的确是一件很辛苦的事情，你的一切都会成为我们担忧的焦点：成长、健康、饮食、安全、交友、学习、游戏，还有以后的专业、工作、择偶、婚姻和生育。

从你的祖父辈那里，我们知道，抚养孩子这可是一个没有尽头的艰辛旅途呢。但你不必内疚，我想说的是，你带给我们的快乐，带给我们的活着的意义，远远超过了我们付出的辛苦。人生美好的地方之一是，你经常需要做出选择，而且，你事先并不知道，你的选择是不是最好的。这样有点"冒险"的感觉，会极大地增加活着的乐趣。

亲爱的小人，作为爸爸，我会极大限度地让你享受选择的快乐。现在你已经八岁，只要在起码的、必须强制执行的规范内（比如法律和基本礼貌），你愿意的事情，我都只提建议、提供选择的可能性，最后都让你自己做出决定。而且我坚信，你会做出对你最有利的决定的。

在你十八岁以后，我建议的话就更少说了。当然，如果你主动征求我的意见，那你要我说多少，我就说多少。人生在世，如果重大事情都是别人——哪怕是父母说了算的，那活着还有什么乐趣？

的确，每个人的选择都有错的可能，但是，自己的错误选择，不管怎样都比别人代替自己做出的正确选择要好。就像下棋一样，你旁边站着一个世界冠军，他不断地指挥你下棋，他的指挥绝大多数都比你高明，但是，你如果都听了他的，那你不过是他的傀儡罢了，你下棋还有什么意思？所以别理他，听自己的，是输是赢已经变得不重要，重要的是——这是我自己在下棋！选择之后，就要承担选择的后果了。

如果选择正确，享受成功的快乐，应该没有什么问题。但另一种可能是要承受失败的痛苦和压力。其实这也没什么，人生如果只有成功和喜悦，那也会很无趣的。人生的真正快乐，多半来自一些具有较大反差的情感体验，任何单一的情感体验，都会使人生这场筵席变得低廉和乏味。

请记住，爸爸会祝你成功快乐；但是，如果你的选择错了、失败了，爸爸永远都在那个可以让你休息和疗伤的地方等着你，你愿意休养多久就多久。等你重新振作起来的时候，再鼓励你上路。爸爸决不会在你遭受挫折后的任何时候趁火打劫说："当初你要是听爸爸的，就不会有今天这样的状况了。"爸爸既然已经准备好分享你的成功和幸福，也就同时做好了分担你的失败和悲伤的打算。好朋友都会这样做的，何况我是爸爸呢？

人生最大的选择，也就两个：事业和婚姻。其他的选择，都是围绕着这两个核心展开的。亲爱的小人，到了你选择专业方向的时候，你已经成年了。爸爸会基于对你本人和对各个专业的了解，为你提出建议，最后让你选择自己最喜欢的。一个人一辈子最幸福的事情，莫过于做一件自己爱做的事情，并且还可以通过这件事养活自己和获得荣誉。我可不愿意你错过这样的幸福而代替你做出决定。

爸爸现在就是因为从事着自己喜欢的职业而幸福着，因为爸爸现在的职业，就是爸爸自己完全根据自己的喜好选择的。告诉你啊，这个职业虽然很辛苦，但爸爸一直都很高兴地工作着呢。

婚姻是个人生活方面最重要的事情。到你谈婚论嫁的时候，已经比决定专业方向的时候更晚了，你也更加成熟了，所以爸爸应该更少说话了。跟专业选择相比，你的婚姻更应该由你自己决定。

从人生的大背景来说，爱情和婚姻，是人投注情感最多的地方，所以也是最有趣的地方。如果这件事都是被人幕后指挥决定的，那人生还有什么有趣的事情啊？很多人的父母，代替孩子决定婚嫁对象，实际上是剥夺了孩子人生的快乐。这样的父母很自私呢：相当于让自己享受了两辈子的选择的快乐，而让自己的孩子一辈子也没活过。

一个人活着的价值，就在于自己可以做出选择啊。在你人生的所有重大选择上，爸爸都是最热情的观众。

爸爸要再次谢谢你，在爸爸的后半生，你会演出如此吸引我注意力的戏剧给我看，这会使我远离孤独和无聊，而且在我的今生今世就已经延伸了我的生命。所以爸爸觉得，养儿养女，不是为了防老，而是为了观看自己的一部分，活得比自己更丰富、更精彩。

爱你的爸爸

朱永新
生命本身就是美的

儿子：

一直答应写信给你，一直没有实现承诺。老爸向你道歉！

老爸忙，你是知道的。但是再忙，与儿子谈心的时间还是有的。

也许没有写的原因，是我对于自己的力量的怀疑。儿子毕竟长大了。他有自己的成长逻辑。

但我还是决定写。不管你如何对待我的信，如何理解我的文字，我必须与你分享人生的体验与思考，必须尽一个父亲的责任。

这次我想与你谈生命。动因是前不久我在国外出差的时候，老妈半夜的一个电话。老妈告诉我，你在南京得了病，而且非常严重。你知道吗，老爸一个晚上都没有睡好，一直与老妈和杨树兵联系，直到确认你没有危险。这是我第一次真正为你的生命担心。

记得你小的时候是很怕死的。生病的时候，你甚至说："我还没有活够，我不要死！"其实，那个时候，你并没有真正的生命意识。

但是，上大学以后，当你应该具有生命的意识的时候，我发现你似乎不是那么爱惜生命了。你的生活经常是没有规律，有时甚至还流露出活着没有意义的想法。

这是老爸一直非常担心的事情。

其实，老爸以前非常关心你的学习与写作，甚至希望你成为著名的作家。但是，这一切如果与你的生命相比，就根本不在话下了。

生命第一。人的生命只有一次。我不想让你为我们而活，像古人告诫的那样。我只是想告诉你，生命本身就是美的，每个人的生命都是美的杰作，因而应该为自己拥有生命而自豪。应该学会感受生命发展的流程，在成长中享受不同生命阶段的美。二十多年前有一部名为《晚霞消失的时候》的中篇小说，其中的主人公有这样一段评论：

"人在自己一生的各个阶段中，是有各种各样的内容的。它们能形成完全不同的幸福，价值都是同样的珍贵和巨大。幼年时父母的慈爱，童年时好奇心的满足，少年时荣誉心的树立，青年时爱情的热恋，壮年时奋斗的激情，中年时成功的喜悦，老年时受到晚辈敬重的尊严，以及暮年时回顾全部人生毫无悔恨与羞愧的那种安详而满意的心情，这一切，构成了人生全部可能的幸福。它们都能给我们带来巨大的欢乐，都能在我们的生活中留下珍贵的回忆。"

只有对于生命有着深刻理解的人，才能拥有这样的完整的生命体验，也才能真正地实现生命的价值。

近几年，媒体关于大中小学生自杀或者杀人的报道越来越多，也越来越触目惊心：小学生向同学的心脏捅出了尖刀，中学生向母亲的头颅举起了榔头，大学生纵身跳下了高楼！往往只是一些在成人看来微不足道的小事，便足以让孩子放弃自己如花的生命或剥夺他人本不应被剥夺的生命。持刀杀人的孩子当然是极少数，但小小年纪便"看透了世界""看破了红尘"因而变得冷酷起来，这样的孩子应该说在现在是相当普遍的。本来应该是享受生命的年龄，却表现出了对生命的令人震惊的麻木乃至蔑视！如果一个人动不动就"拼命"，你还指望他能珍惜什么或者对自己、对亲人、对自己周围的人有什么起码的责任感呢？

我的一位朋友在为女儿写的《生命课——一个父亲的谆谆教诲》中这样告诉他的孩子：

"生命是一笔上帝给每个人放在银行里的储蓄，究竟它有多少？没有人在生前知道，但有一点是真实的，我们都在一天天地消费它，直到有一天生命出现了赤字。人的生命用减法，价值实现用加法。在这里，加法和减法之间并没有恒等关系，也就是说，减去多少，并不意味着增加多少。在这里，昨天是使用过的支票，明天是未发行的债券，只有今天才是现金，才可以使用。"

我把这段文字转送给你，希望你能够理解老爸的良苦用心。

因此，老爸希望你用一点时间，回想自己二十一年的人生，虽然不长，但是许多成长的故事是可以让你终生回味的。再用一点时间思考二十五岁以后的人生，虽然不知道有多长，但是有计划的人生比没有计划的人生一定会精彩得多。上帝只钟情那些有准备的头脑和有计划的人生。

当然，更重要的是，应该把握今天。注意每天的饮食和睡眠，有规律地生活，读一些有价值的书，写一点能够留下来的东西。

平安是福。老爸希望你永远平安。

永远爱你的老爸

2006年9月26日

肖复兴

直线是大人的，曲线是孩子的

一

高高快三岁的时候，我教他画画。

我拿来一张白纸，一支圆珠笔，递给他，对他说：你随便画，想画什么画什么！想怎么画就怎么画！

他听我这样说，毫不犹豫，信心十足，上来大笔一挥，弯弯曲曲的线条，像是链环一样，更像是铁丝一样，密密麻麻的，交错地套在一起，缠在一起，占满了纸上上下下的空间，仿佛他是在拿着水龙头肆意喷洒，浇湿了花园里所有的地皮，他自己也被浇得湿淋淋一身。

我问他：你说说，这是画的什么呀？

他摇摇头，以为我是在责怪他。他望着我，仿佛在说：你不是让我想画什么画什么，想怎么画就怎么画吗？

我拿过来他手里的圆珠笔，在纸的左下端弯曲的乱线中他无意画出的一个圆圈的中间，画了一个小黑点。我又问他："你看这回像什么？"

立刻，他兴奋地叫道："鸟！"

是的，孩子笔下看似乱七八糟的曲线，瞬间就活了似的，变成了一只抖动着漂亮羽毛的鸟。是动物园里从来没有见过的鸟，是我们大人永远画不出来的鸟。

我和他一起用彩笔，在这只鸟的不同乱线之间，涂抹上了不同的颜色。特别有意思的是，在眼睛下面露出的一个尖尖的小三角，好像是他刚才画时有意留出来的鸟嘴，我让他在那里涂上了鲜艳的红色。一下子，小嘴格外漂亮。孩子望着自己画的画，很高兴，刚才还是一团乱麻一样的曲线，像是变魔术一样，立刻变成了一只鸟，让孩子有些兴奋不已。

孩子最初的画，都是这样一团乱麻的曲线。从来没有见过哪一个孩子最初能够画出笔直的直线或圆形来的。这和孩子最初学走路一样，总是歪歪扭扭、跌跌撞撞的，不会如同仪仗队那样的笔直坚挺，健步整齐。但是，我相信任何一个孩子笔下任意挥就的曲线，都可以是一幅充满童趣的画。我们在毕加索变形的和米罗抽象的画中，都能够找到孩子们挥洒的曲线的影子来。比起直线，曲线就有这样神奇的魔力和魅力，它将万千世界化繁为简，浓缩为随意弯曲的线条，有了柔韧的弹性和想象力。

所以，与毕加索和米罗是老乡，同样出生在西班牙巴塞罗那最著名的建筑家高迪曾经说过："直线是人为的，曲线是上帝的。"

曾经听说过曲线属于女人，却从来没有听说曲线属于上帝，在高迪的眼里，曲线如此的至高无上。从高高这第一幅画来看，高迪说的还真有点儿道理。大自然中，谁见过有直线存在吗？常说笔直的大树，其实是夸张的形容，树干也是由些微的曲线构成，才真的好看，就更不用说起伏的山脉、蜿蜒的河流，或错落有致的草地花丛、鸟飞天际那摇曳的曲线。巴甫洛夫说动物都知道两点之间直线距离最短，其实两点之间动物跑出的从来不会是一条直线，雪地里看小狗踩出的那一串脚印，弯弯曲曲的，如撒下一路细碎的花瓣一样漂亮。

没错，直线是人为的，曲线是上帝的。也可以说，直线是大人的，曲线是孩子的。因为这个上帝属于自然、属于艺术，同时也属于孩子。因为只有这三者最容易接近上帝。

二

高高四岁。有很长一段时间，老师让孩子画画。幼儿园有很多彩笔和各种颜色，水彩，水粉，油画棒，油画颜料，各种颜色的纸张，应有尽有，任孩子随意挑选，随意挥洒，以此让孩子们玩，在这样的玩之中认识色彩。

记得画家高更曾经说过这样的话，色彩给我们的感觉是谜一样的东西，色彩经常赋予它音乐感，这种音乐感出自自然属性。高更说的色彩的这种"自然属性"，用在孩子的身上最恰当不过。孩子不懂色彩，他们的任意涂抹，才是色彩挥发真正的自然属性。所谓自然，就是孩子的天性。大人尤其是画家，懂得了色彩，这种自然属性会渐渐被人为所替代。

每天傍晚，幼儿园放学，老师会把孩子画的画交给来接孩子的家长。家长、老师和孩子，都会望着这些任性的、谁也看不懂的画，忍俊不禁。送走了孩子在幼儿园里尽情玩耍的一天。

这种无为而治的方法，我觉得不错，挺适合小孩子的。一般，我们往往愿意从具象的路数教孩子画画，比如教孩子先画个房子，画个太阳，画朵小花小草小兔子之类，如果孩子画得挺像，或者有点儿像，孩子和大人都非常高兴。

当然，这种方法没有什么不好，只是孩子在还很小的时候，对于具象的事物还无从把握，像，不应该是这时候教孩子画画最主要的策略和意图。像，往往容易束缚孩子最初画画的思维和乐趣，乃至积极性。我一直以为，像和不像，是我们最初教孩子画画的一个误区，是以我们大人的思维模式强加给孩子的，是不大符合这种年龄孩子的心理特点的。

从某种意义而言，不像才是儿童画，太像了，就不是儿童画了。我一直认为，像与不像，是儿童画的分野。

可以先用蜡笔，再用彩色铅笔，让孩子随意挥洒（填颜色也是一种方法），在玩中体味画笔和颜色在纸上接触后变化的感觉，应该是教孩子学画画的前奏。这时候的孩子，个个都是抽象派大师。只要放开手，我们大人都可以是胜任教孩子画画的第一个老师。

我教孩子画画，第一是让孩子画线条，就是乱画；第二是让孩子认识色彩，还是一个"乱"字：乱抹。

有一天，高高拿回好几张画，都是他用水粉在牛皮纸上涂抹的。一张是在暗红色的牛皮纸上，涂抹着几块白色的长条和随手洒下的点点白色斑点（大概不是有意而是不小心），老师很喜欢这张，给它取了名字叫：Ghost（幽灵）。一张是在褐色的牛皮纸上横涂竖抹的，底色很沉，是那种棕色，还有一些黑色的斑斑点点和一抹抹的橙黄，左面上方的一角，涂抹的却是一团纷乱鲜亮的红色和粉色。当然，这是我的观后感，小孩子是不会有那种明暗关系的感觉的，他只是随意泼洒着他手中的颜色，觉得挺好玩而已。

我更喜欢这张，把这幅画剪裁了一下，去掉了大部分，只留下了这一角，突出了上方的那一团鲜亮的红粉色，然后把它装进一个小镜框里。大家看了，都觉得好看。为什么好看，又都说不出其中的道理和奥妙。好像前后色彩明暗的对比，是孩子有意做出来的，其实，如果真的让孩子按照这样意图来画，他就画不出来了。

那一团鲜亮的粉色和红色，像一朵盛开的花？那一抹棕色和橙黄，又像什么呢？像石头或者山崖吗？黑色呢，像山崖的顶端吗？

随你怎么想都行。

我给它起了个名字叫《山上的花》。

色彩给孩子快乐，还给了孩子成就感。漂亮的颜色，就像是给画穿上了漂亮的衣服。孩子对于颜色，天生会有一种比我们大人更多的敏感。记得我国最早一批到法国留学的画家之一庞薰琹先生，在回忆他小时候对画画的喜爱，最初就是从色彩开始，从家里晾衣绳上挂着的衣服开始的，他觉得那些颜色不一样的衣服色彩非常好看，他常常站在那些衣服之间看好久，痴迷阳光下闪烁着光斑的鲜艳的色彩。

那张幼儿园老师起名《幽灵》的画，后来被幼儿园展览。那幅我称之为《山上的花》的画，当时就被高高的爸爸拿走，拿到他的办公室里，放在他的写字台上。

三

没有一个小孩子不爱去动物园玩的。小孩子和动物有着天然的联系，在动物园里，再凶猛的动物，也变成了童话里的人物，孩子可以和它们交谈，甚至戏耍。

在孩子渐渐大了一点儿，有了一定的造型能力的时候，我以为教孩子画动物，是最好的选择，孩子愿意和你一起画。

要先找那些造型有特点，同时又好画的动物来画，不要选择过于复杂的。此外，不要先去画动物的四肢，四肢比较难画，先去画动物的头。总之，要避难就易。

兔子和狮子，是我喜欢用的最开始画动物的入门向导。

兔子的长耳朵，三瓣嘴，最明显，也最好画。你怎么把兔子画得变了形，走了形，比如脸变成了圆形或方形，都没有关系，只要是长耳朵和三瓣嘴在，那一定就是兔子了。

这是有一次我在一家美术馆里受到的启发。那里有一个儿童画室，四周的墙上，挂满了孩子们的画，画的都是兔子，千奇百怪，各种形状、各种颜色的兔子，都是兔头，好像那一墙的兔子刚把自己的脑袋从各种颜料桶里扎完猛子出来，色彩淋漓，特别醒目。说实在的，那些兔子的脑袋真的很好玩，连我作为大人都觉得非常奇特。这些兔子，不是动物园里真实的兔子，是只有童话里才可以出现的那种可爱的彼得兔，而且比童话书里大人画的还要有趣。它们是孩子心目中的兔子。

我拉着高高走到这里，让他来看，问他有没有意思。他也觉得有意思。然后，我让他从墙上的这些兔子中挑一只他最喜欢的，照着它也画一张。

儿童画室中间，摆着一个长条桌子，桌子上面放着好多纸张和彩笔、胶水和剪刀，为的就是让孩子们坐在那里涂鸦。

高高坐在那里，很快就画好了，有墙上的榜样兔子在，又不算难。只要有一个三瓣嘴，有两只耳朵，尽管不一样长，只要足够长就行了。谁看完之后，都说画的是兔子！他也说是兔子！是他画的第一只兔子，属于他自己的兔子。

兔子，可爱的兔子，给了他信心，给了他乐趣。

我又教他画狮子，主要是画狮子头。那时候，他刚看完电影《狮子王》，意犹未尽。我对他说："你画一个圆圈，我只要添上几笔，就能把这个圆圈变成一头大狮子，你信不信？"

他摇摇头，不信。

我拿来一张白纸，说："你先画个圆圈。"

他一笔就画完了，尽管这个圆圈画得并不那么圆。

我用笔先在圆圈中间画了两个小黑点儿，在下面画了一个和兔子一样的三瓣嘴，再在圆圈的四周画了一圈曲线。我问他：像不像狮子？

他说：像。

我又问他：难画吗？

他说：不难。

我又找了张白纸，把笔递给他：你也画一个狮子试试。

照葫芦画瓢，他在圆圈的四周用乱乱的曲线连在一起，这种曲线，他拿手，因为在很小的时候他经常画的就是这样乱七八糟的曲线。如今，这样的曲线，越乱越不嫌乱，越乱，越像是狮子头上参起来的那威风凛凛的鬃毛。就像兔子的头上有了那两个长耳朵一样，只要有了这样乱蓬蓬的鬃毛，一个圆圈就迅速地变成狮子了。

就这么简单。就这么容易。

他很高兴，问我："狮子的身子好画吗？"

我说："太好画了，比狮子头还好画！"

他让我接着教他画狮子的身子。

我对他说，狮子的身子，只要用一个三角形就能够代替。他在狮子头的旁边，画了一个三角形，尽管三角形小了点儿，和狮子的大脑袋不成比例，但就是一头在跳大头娃娃舞的狮子，有什么不可以的呢？

我在三角形最边的一个角上再添一个尾巴，他最后涂上了颜色，这头狮子就大功告成了。

这一年，高高五岁。

四

转眼高高九岁了。

入冬几场雨后，树上的叶子几乎落光了。地上铺满树叶，五颜六色，像铺上一层彩色的地毯。每天下午放学，高高见到我的第一句话就是："爷爷，咱们找树叶去吧！"便先不回家，沿着落叶缤纷的小路找树叶。

他从画画转移到了找树叶做手工。

秋末时分枝头上的树叶，或金黄，或红火一片，在秋风的吹拂下，是那样的灿烂炫目。如今，由于距离的变化，拿在手中，近在眼前，才发现同样都是枫树，有三角枫、五角枫和七角枫的区别。而且，不同的枫叶，像伸出不同的触角，活了一般，让那红色的叶脉弯弯曲曲像是有血液在流动。不同流向的叶脉，让叶子的触角有了不同的弧度，那弧度像是舞蹈演员柔软而变幻无穷的手臂，富有韵律，让我们充满想象，便也成为我们做手工最佳的选择。

我和高高捡了好多这样红色和黄色的枫叶，回到家里，铺满一桌子，找出合适的叶子，用它们做成一只金孔雀和一只红孔雀，连我自己都惊讶，那一片片枫叶怎么那么像孔雀开屏时漂亮的羽毛呢？好像它们就是特意落在地上，等着我们弯腰拾起，去做孔雀那五彩洒金的尾巴呢。高高更是高兴得拍起小手叫了起来，没有想到小小的树叶，摇身一变，竟然可以出现这样神奇的效果。

高高对我说："鱼最好做！"没错，只要找好一片叶子，不管圆的也好，长的也好，都可以做成鱼的身子；再找好一片小点儿的叶子，最好是分叉的，比如三角枫，就可以做成鱼的尾巴。只要有了这样两片叶子，一条鱼就算做成了。

那些槭树和石楠的叶子，椭圆形，粗看起来，大同小异，细看大有玄机。石楠叶小，槭树叶大。石楠叶薄，薄得几乎透明，红红的颜色像是过滤了一样，淡淡的胭脂似的，可以随风起舞蹁跹。槭树叶厚，又有光亮的釉色，像穿着盔甲的武士，似乎能够听到曾经挂在树枝上吹来的风声雨声。

　　槭树叶和石楠叶最好找，几乎遍地都是，我和高高常常会如进山寻宝的人，总有些贪婪，弯腰拾起了这片，又抬头看见了那片，捧在手里一大捧，反复权衡，恋恋不舍，好像树叶就是我们的至爱亲朋。我和高高一起用不同的槭树叶做成了不同形状的鱼，圆圆的、长长的、扁扁的，再用绿色的树叶剪成水草，贴在它们的旁边，它们就像在水里面尽情地游动了。

　　当然，这些落叶，和枝头上的叶子相比，色彩也不一样了。别看落叶没有了在枝头连成一片的金黄和火红耀眼的阵势，但落叶也不是像落花一样，顷刻辗转成泥，溃不成军。落叶区别于树上叶子的重要之处，在于树上叶子连成一片的金黄和火红，让所有的叶子变成了一种颜色，淹没在相同的色彩之中。落叶散落在草丛中，灌木间，或泥土里，却是色彩不尽相同，彰显每一片叶子舒展的个性，甚至色彩渗进叶脉，都让我们看得纤毫毕现，触目惊心，也赏心悦目。

　　同样是杜梨树上落下的叶子，经霜和雨水反复打湿后，每一片叶子上的红色已经相同，那种沁入红色深处的黑色光晕，浸淫红色四周的褐色斑点，像磨出的铁锈，溅上的眼泪似的，似乎让每一片落叶都有了专属于自己的童话故事，更让每一片落叶本身都成为一幅绝妙而无法复制的图画。由于杜梨叶厚实，叶面上有一层釉色，显得很是油亮，每一片落叶都像一幅精致的油画小品。那些随心所欲而富有才华的大色块渲染，毕加索未见得能够胜上一筹。

我常会捡到一片好看的杜梨叶子，招呼高高过来看。高高也特别注意看那些落满一地的杜梨叶子，如果看到一片特别奇特的，也会高声叫我："爷爷，快来看呀，这儿有一片不一样的叶子！"

有好多天，我们两人都钟情于杜梨叶。路两旁有好多杜梨树，落下的叶子成堆。我们常常在地上仔细寻找，不放过任何一片闯入眼帘的叶子，常常会有美丽的邂逅而让我们赏心悦目，便常常会听见高高的大呼小叫："爷爷，快看，这里我又看见一片好看的树叶！"

找到的最好看、最别致的一片杜梨叶，竟然是黑色的。那种黑，油亮油亮的，叶子边缘有一层浅浅的灰色，像黑色的火焰燃尽之后吐出的一抹余韵；像淡出画面之外的空镜头里的远天远水，充满想象的韵味。

我问高高："你见过这样黑色的树叶吗？"

他摇摇头，说："没见过。"

我对他说："爷爷也没见过。"

我们用别的杜梨叶做的热带鱼或大公鸡，都让不同色彩的杜梨叶尽显各自的英雄本色，让那种不同的红色交织成一曲红色的交响乐。

我们用三片红红的树叶，做成了鸵鸟的身子，剪了一半的叶子做成了鸵鸟的脖子，另外两片叶子，成了鸵鸟的两条大长腿。

高高又用不同形状和颜色的树叶，做成一棵五彩树。这五彩树的名字，是他自己起的。树叶是他自己捡的，自己挑的，自己贴上去的。

树叶手工越做越多，摆满一桌子。高高问我："爷爷，你最喜欢哪个？"

我说："我喜欢这个小丑。你看，这个小丑做得多有趣呀，黄色的叶子成了他的脸，三角枫做他的帽子，五角枫做他的裙子，那两片带刺的绿叶子，你看像不像他穿的灯笼裤？那片小小的三角形的绿叶做成他的领带，多扎眼呀。最有意思的是还有一个小丑抛在半空中的红苹果，他像不像正在演杂要？"

那个红苹果，是用一小片杜梨树的叶子做成的，是高高的主意。自然，他也喜欢这个小丑，只不过，这个小丑是我和他一起完成的，高高还是最喜欢他自己独自完成的五彩树。

转眼新年就要到了。老师要求大家准备送给每一个同学的新年礼物。放学回家，高高问我送什么礼物好，我说送你做的树叶手工多好！其实，他也是这么想的，只是，全班二十多个同学呢，爷爷，你得帮我！我帮他一起做了鱼、树、花、船……贴在一张张白纸上，用中英文写下了新年快乐的字样。高高把它们带到学校，被同学一抢而光，老师夸奖说真是别致的新年礼物！

这些新年礼物用了高高和我捡来的大多叶子，只是那片黑色的杜梨叶，一直没有舍得用。也不是真的舍不得，是不知道用在哪里恰到好处。高高曾经想用它做成一只海龟，它黑亮黑亮的釉色和粗粗的叶脉，还真有几分海龟的意思。也曾经想把它一剪两半，做成两条木船，在上面用银杏叶和红枫叶做成它们各自的风帆。他还拿不定主意。另外，要是做好了，他想送给老师，又想送给妈妈。到底送给谁，他还没有拿定主意。

胡 适
离开家庭，是独立生活的开始

祖望：

你这么小的年纪，就离开家庭，你妈和我都很难过。但我们为你想，离开家庭是最好的办法。第一使你操练独立的生活，第二使你操练合群的生活，第三使你自己感觉用功的必要。

自己能照应自己，服侍自己，这是独立的生活。饮食要自己照管，冷暖要自己知道。最要紧的是做事要自己负责任。你功课做得好，是你自己的光荣；你做错了事，学堂记你的过，惩罚你，是你自己的羞耻。做得好，是你自己负责任。做得不好，也是你自己负责任。这是你自己独立做人的第一天，你要凡事小心。

你现在要和几百人做同学了，不能不想想怎样可以同别人合得来，人同人相处，这是合群的生活。你要做自己的事，但不可妨害别人的事。你要爱护自己，但不可妨害别人。能帮助别人，须要尽力帮助人，但不可帮助别人做坏事。如帮人作弊，帮人犯规则，都是帮人做坏事，千万不可做。

合群有一条基本规则，就是时时要替别人想想，时时要想想："假使我是他，我应该怎样？""我受不了的，他能受得了吗？我不愿意的，他愿意吗？"你能这样想，便是好孩子。

你不是笨人，功课应该做得好。但你要知道世上比你聪明的人多得很。你若不用功，成绩一定落后。功课及格，那算什么？在一班要赶在一班的最高一排。在一校要赶在一校的最高一排。功课要考最优等，品行要列最优等，做人要做最上等的人，这才是有志气的孩子。但志气要放在心里，要放在功夫里，千万不可放在嘴上，千万不可摆在脸上。无论你的志气怎样高，对人切不可骄傲。无论你成绩怎么好，待人总要谦虚和气。你越谦虚和气，人家越敬你爱你；你越骄傲，人家越恨你，越瞧不起你。

儿子，你不在家中，我们时时想念你，你自己要保重身体。你是徽州人，要记得"徽州朝奉，自己保重"。

你要记得下面几件事：

（一）不要滩头上的食物，微生物可怕。

（二）不要喝生水、冷水，微生物可怕。

（三）不要贪凉。身体受了寒冷，如同水冰了不流，如同汽车上汽油冻住了，汽车便开不动。许多病是这样来的。

（四）有病赶快寻医生。头痛是发热的表示，赶快试验温度表（寒暑表），有无热度。

（五）两脚走路觉得吃力时，赶快请医生验看，怕是脚气病。脚气病是学堂里常有的事，最可怕，最危险。

（六）学校饮食里的滋养不够，每日早起须吃麦精一匙，可试用麦精代替糖浆，涂在面包上吃吃看。

这几条都是很要紧的，千万不要忘记。

你写信给我们，也必须用编号数，用一本簿子记上，如下式：

家信　苏州第一号　　月　日　　寄

　　　苏州第二号　　月　日　　寄

你收的家信，也记在簿子上：

爸爸　苏州第一号　八月廿七日收

爸爸　苏州第二号　　月　日　　收

妈妈　　　第三号　　月　日　　收

儿子，不要忘记我们，我们不会忘记你。努力做一个好孩子。

爸爸

1929年8月26日

林徽因
我们做中国人应该要顶勇敢

宝宝：

妈妈不知道要怎样告诉你许多的事，现在我分开来一件一件地讲给你听。

第一，我从六月二十六日离开太原到五台山去，家里给我的信就没有法子接到，所以你同金伯伯、小弟弟所写的信我就全没有看见（那些信一直到我到了家，才由太原转来）。

第二，我同爹爹不只接不到信，连报纸在路上也没有法子看见一张，所以日本同中国闹的事情也就一点不知道！

第三，我们路上坐大车同骑骡子，走得顶慢，工作又忙，所以到了七月十二日才走到代县，有报，可以打电报的地方，才算知道一点外面的新闻。那时候，我听说到北平的火车，平汉路同同蒲路已然不通，真不知道多着急！

第四，好在平绥铁路没有断，我同爹爹就慌慌张张绕到大同由平绥路回北平。现在我画张地图你看看，你就可以明白了。

注意万里长城、太原、五台山、代县、雁门关、大同、张家口等地方，平汉铁路、正太铁路、平绥铁路。你就可以明白一切。

第五，（现在你该明白我走的路线了）我要告诉你我在路上就顶记挂你同小弟，可是没法子接信。等到了代县一听见北平方面有一点战事，更急得了不得。好在我们由代县到大同比上太原还近，由大同坐平绥路火车回来也顶方便的（看地图）。可是又有人告诉我们平绥路只通到张家口，这下子可真急死了我们！

第六，后来居然回到西直门站（不能进前门车站），我真是喜欢得不得了。清早七点钟就到了家，同家里人同吃早饭，真是再高兴没有了。

第七，现在我要告诉你这一次日本人同我们闹什么。你知道他们老要我们的"华北"地方，这一次又是为了点小事就大出兵来打我们！现在两边兵都停住，一边在开会商量"和平解决"，以后还打不打谁也不知道呢。

第八，反正你在北戴河同大姑、姐姐哥哥们一起也很安稳的，我也就不叫你回来。我们这里一时也很平定，你也不用记挂。我们希望不打仗事情就可以完，但是如果日本人要来占北平，我们都愿意打仗，那时候你就跟着大姑姑那边，我们就守在北平，等到打胜了仗再说。我觉得现在我们做中国人应该要顶勇敢，什么都不怕，什么都顶有决心才好。

第九，你做一个小孩，现在顶要紧的是身体要好，读书要好，别的不用管。现在既然在海边，就痛痛快快地玩。你知道你妈妈同爹爹都顶平安的在北平，不怕打仗，更不怕日本人。过几天如果事情完全平定下来，我再来北戴河看你；如果还不平定，只好等着。大哥、三姑过两天也来北戴河，你们那里一定很热闹。

第十，请大姐多帮你忙学游水。游水如果能学会了，这趟海边的避暑就更有意思了。

第十一，要听大姑姑的话。告诉她爹爹妈妈都顶感谢她照应你，把你"长了磅"。你要的衣服同书就寄来。

妈妈

1937年6月下旬

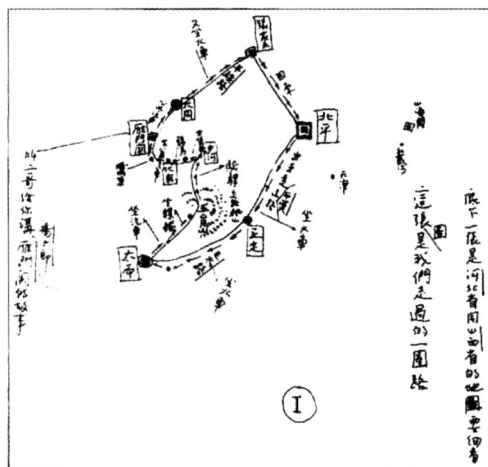

05

世界很美，不要局限在当下

巴　金
生命的意义在于奉献而不在于享受

亲爱的同学们：

你们好！

谢谢你们写信给我，一大堆信！我数了数，一共四十封，好像你们都站在我面前，争先恐后，讲个不停，好不热闹！家乡的孩子们，感谢你们给我这个老人带来温暖。

我有病，写字困难，提着笔的手不听指挥，不要说给每个同学写一封回信，或者像五年级郭小娟同学所要求的那样写一小段话，就只是给你们大家回一封短信也十分吃力，有时候一支笔在我的手里会有千斤重。怎么办呢？无论如何，我不能辜负你们的好意，我不能让家乡的孩子们失望，我终于拿起了笔。

请原谅，我今年不能回家乡，并不是不愿意看望你们。相反，我多么想看见你们天真的笑脸，多么想听见你们歌唱般的声音，但是我没有体力和精力支持这一次长途的旅行。那么，就让这封信代替我同你们见面吧。

不要把我当成什么杰出人物，我只是一个普通人。我写作不是因为我有才华，而是因为我有感情，我对我的祖国和同胞我有无限的爱，我用作品表达我的这种感情。我今年八十七岁，今天回顾过去，说不上失败，也谈不到成功，我只是老老实实、平平凡凡地走过了这一生。我思索，我追求，终于明白：生命的意义在于奉献而不在于享受。我在回答和平街小学同学们的信中说："我愿意再活一次，重新学习，重新工作，让我的生命开花结果。"有人问我"生命开花"是什么意思，我说："人活着不是为了白吃干饭，我们活着就是要给我们生活在其中的社会添上一点光彩。这个我们办得到，因为我们每个人都有更多的爱、更多的同情、更多的精力、更多的时间，比维持我们自己生存所需要的多得多。只有为了别人花费它们，我们的生命才会开花。一心为自己，一生为自己的人什么也得不到。"

我和别人一样，也希望看到自己的生命开花。但是我不可能再活一次。过去我浪费了不少光阴，现在我快走到路的尽头，剩下的日子已经不多了。我十分珍惜这有限的一分一秒。

亲爱的家乡的孩子们，我真羡慕你们，你们前面有无比宽广的道路，你们心里有那么美好的事物，爱惜你们可以使用的宝贵时间，好好学习吧，希望在你们身上。

我真诚地祝福你们。

巴金

1991年5月15日

池　莉
母亲溺爱是必须的

　　人们都说不要溺爱孩子，可是，从来没有人告诉我：是彻底杜绝溺爱，还是摒弃部分溺爱？孩子的哪些表现不可以溺爱，哪些表现又可以溺爱？当我成为母亲，我发现，作为妈妈，对自己十月怀胎的孩子，没有溺爱，简直不可能！

　　我们人类的孩子生出来是那么弱小，处于半发育状态，不像许多动物，比如大象，它们会怀孕22个月，小象在母亲子宫里完全发育成熟，具备所有生存能力，出生以后几分钟就站立起来了，几个小时后就能行走奔跑，自己吃东西，懂得钻进象群的中心部分以保护自己的生命，懂得分辨敌友并且懂得趋利避害。人类的孩子在胎里发育只是完成了一部分，还有许多的部分比如性格、脾气、分辨敌友、趋利避害，都需要经过社会磨砺，才能够逐步发育成熟。

　　在我决定要孩子以后，我开始对孩子以及他们的父母特别敏感。我看见很普遍的现象是：给孩子一颗糖，去去去，一边玩去；

144

吵什么吵？再吵不给你吃；要钱吃零食，给钱，自己去买，孩子买的什么和买了多少，大人不管；听话啊，再不听话就不给零花钱了；考试得了100分，马上给你买名牌。

以上诸如此类的爱或者溺爱，都是要我引以为戒的。我无数次地想：以后我可不能这样打发和对付自己的孩子。我以为太过随意的滥爱，会损害孩子正常的心智发育。做妈妈的在孩子出生后，更有责任继续帮助孩子完成她的发育，直至她适应社会，适应生存竞争，当然，最好还可以有能力赢得优越的生存。因此，怎么溺爱孩子，是我一直都最放不下的心思，也是我最小心翼翼的行为，因为我非常明白我自己本身就有许多致命弱点，许多不恰当的行为会害了孩子。

我并未傻到认为我孩子完美无缺。恰恰相反，伴随婴幼儿的逐渐长大，我发现了我孩子许多的弱点。她胆小，怕人，隐忍，死活都只憋屈自己。如果照这样发展下去，在她一生的生存和竞争中，怎么能够得到健康快乐和幸福？

亦池小时候，我们的日子是这样清贫艰难，最初两三年，日常生活物质依然匮乏得还是必须凭票供应，小保姆的柴米油盐都是黑市的，没有自己的住房，借居的脸色很难看。鸡蛋那时候很珍贵，我孩子吃的鸡蛋几乎全靠我父母接济，他们不得不在自家阳台上养鸡，把家里弄得臭烘烘的。日子不好过，又在住房、上幼儿园、上小学等事情上，处处遇阻，连遭刁难。我脾气急躁，时常会烦。孩子父亲又易暴躁，动不动就拍桌子打椅子摔东西。磕磕碰碰来了，争争吵吵来了，分歧对立来了。家里一旦有风吹草动，小亦池立刻往最角落里躲避，她要么默默流泪，要么神情阴郁死死沉默。

小亦池是那么敏感和惧怕他人的强势和蛮横。有一次，她纠缠着我不停地和她玩"翻叉"，由于我实在有事情忙，就不耐烦地横了她一眼。立刻，她既不吭声也不哭闹，怏怏离开，钻进她自己的被窝久久不见露面。直到我害怕她憋死，主动过去揭开被窝，小亦池两眼直直傻傻地盯着天花板。我轻轻向她道了一个歉，她的泪水才哗哗流淌出来。

任何时候，小亦池只要瞥见她爸爸把脸一丧，她顿时就会觉得大难当头。一个小孩子，还没长到桌子高，伸手间无意碰翻了桌子上的一瓶止咳糖浆，地板弄脏了，她爸爸一见就恼怒，小亦池吓得钻进桌子里头，整整一个下午直到我爬进去强行把她抱出来。亦池在外面院子里玩耍，天黑了很久了还不记得回家。特别是学校的考试成绩单，总是一重地狱。只要亦池成绩单有不够理想的分数，她爸爸当即就有难看的脸色。亦池立刻就会蔫头耷脑，流泪，自闭，整个人完全木然了。

我想我们家的一些亲朋好友，一定会有人以为亦池是笨拙、迟钝和淡漠的。因为在那些短暂的节假日家庭聚会上，大人们多少都有唇枪舌剑、夹枪带棒，种种脸色隐藏不满，小亦池常常就是笨拙、迟钝和淡漠的，她不能像别的孩子那样快乐活泼、巧舌如簧，不能自如地应对大人们，更没有办法表现出孩子的童言无忌或者甜言蜜语。

　　每当这些时候，我都不忍看自己的孩子，我心里难受。我开始注意检讨自己，要求自己力戒急躁，力戒脾气大，力戒在争论的时候容易冒出来的强势。我也与孩子爸爸进行多次正式谈话，也希望他能够注意自我检讨，力戒粗暴的毛病。当然，他并不认为自己有毛病，认为只是我毛病太大，以至于吵架更加频繁起来。我改变不了孩子的父亲，我可以尽量改变自己性格，尽管江山易改本性难移，我的努力并不能很快奏效，但是我得尽力，为了我的孩子。逐渐地，只要亦池在家，只要是当着亦池的面，我就强烈克制和忍让。

　　小亦池是个普通孩子，我没有发现她特别聪明，或者特别有天赋。在一群年龄相仿的小家伙中间，往往小亦池的反应不是最敏捷的，脑筋也不是最灵活的，语言表达更是讷讷不出于口，胆怯使得她更多的时候是腼腆和羞涩的。但是，只要拥有快乐轻松的心情和氛围，小亦池的表现就会令人刮目相看。比如上幼儿园，从踏进幼儿园的第一步到三年后毕业，小亦池一次都没有哭闹。比如小学期间，全校列队操场开大会，一只老鼠蹿进她棉袄里头，她也没有大叫大喊。对于这些出色表现，我无比自豪，我无数次地认定并夸赞小亦池是世界上心理素质最稳定的好孩子。尽管长大后的亦池觉得我有点夸张，但她非常开心。

对于小亦池的性格弱点，我必须溺爱。我的溺爱不是给钱，不是给零食小吃，就是任何时候都维护她、信任她，尽可能为她营造更多的快乐轻松气氛。在这一点上，我不管什么理智不理智。只要谁给我孩子脸色看，谁压抑她，我就要设法排除，哪怕得罪人或者威胁人，我都会做的。亦池初上小学，我就找他们的小学校长谈过，我告诉她，如果她再在学校大会上不指名地讽刺我孩子是因为妈妈有名才得以进校的，我会找报社，会找教委，会找教育局。我宁可与孩子爸爸吵翻直至离婚，都不可以接受和原谅她爸爸对孩子的乖戾脾气：一会儿亲密得不得了，肉麻得不得了，顷刻又可以丧着脸大吼大叫。

我必须溺爱我孩子虚弱的地方，我必须以溺爱增强我孩子的软肋。好让她逐渐适应这个专横跋扈的社会，适应竞争社会的弱肉强食的环境，也许她性格中有天生难以改变的部分，但我可以尝试促进她的心理素质更加强健和强大，慢慢变得不那么胆怯害怕和窝心难受，慢慢往人群当中去——不管他们怎么讽刺打击和掠夺你。往后，长大了，这世界给你找不愉快的人，还多着呢。

奏效了。效果在慢慢显现。小亦池五六岁那一年，我带她出去旅行，一群朋友聚会吃饭，其中有个与亦池年龄相仿的小朋友。吃饭的时候，两个小孩子一边玩起游戏来，他俩比赛谁能够盘腿打坐得更久。时间过去了很久，亦池还在端坐，那孩子却再也耐不住动弹起来。可是，输掉的孩子倒先发制人地哭号起来，满地打滚，泼皮放赖，不仅一把拿走亦池的椰奶，还要霸占赢家的那罐椰奶。大人们只好都去抚慰他，纷纷给他好东西吃。我的亦池，没有躲进角落，也没有委屈流泪，甚至都不责怪一句小朋友，只是她自己依然盘腿端坐，微闭双目，一动不动。事后不久，那孩子又来主动找亦池玩了，并且显然有服从亦池的意愿。

小亦池的这一次表现，极大鼓舞了我。尽管她被夺走了椰奶，但是有效保护了自己的内心健康和愉悦，因为大家的赞誉，亦池获得了比一罐椰奶更多的快乐。我则更陶醉于自己孩子的风度了，这风度里有一种高贵庄严的气质，吃亏是福，一个人如果能够吃亏，还有什么失去的痛苦呢？我坚信，人类更高阶段的文明正在中国发展壮大：这一场经济体制的改革开放，多少会把中国从低级的小农社会带向更高级的工业社会，这是历史大趋势。然而无论社会形态，无论古往今来，人的高贵，都拥有更加强大的个人魅力，这种个人魅力就是力量。孩子，做一个漂亮人物吧！

亦池的性格弱点，顺利朝着有利的方向变化和进步着。她不害怕小朋友了，包括那些有攻击性、有掠夺性的。亦池天生的宅心仁厚在健康生长和壮大，在她所必须相处的人群中，亦池安静、温顺、淳厚、谦让，既不争抢话头，也不争抢风头，无论从语言上还是行为上，她都不会刺激、污辱、打压其他小朋友。幼儿园三年多的时间，小亦池基本形成了稳定的性格优点，最终她赢得了小朋友们的爱戴，慢慢身边就有三朋四友了，还经常有一些莽撞勇敢的小男孩，主动替小亦池背书包，屁颠屁颠地跟随在她的后面，不许别人欺负小亦池。许多孩子经常会讨好亦池，赠送一些零嘴小吃，果冻啊膨化饼啊，等等。我的小亦池从来不爱这些零嘴小吃，但是她也懂得答谢他人美意。小亦池答谢小朋友的方式是麻烦妈妈。她向小朋友真诚地推荐了妈妈的烹饪手艺，说什么："我不喜欢吃零食，是因为我更喜欢吃饭，因为我妈妈的菜做得非常非常好吃！"

小朋友大多数都是独生子女，许多孩子被宠得不得了，是家里几代人的小皇帝，以至于他们身边整天都堆满了花花绿绿的零食小吃，反而正经吃饭变成了问题。孩子们都不肯好好吃饭，哪里还可以听得到"妈妈的饭非常非常好吃"到超过零食呢？小亦池绘声绘色的色香味细节描述，使得孩子们露出一副馋相，热烈向往起亦池妈妈的饭菜。终于有一天，我的小亦池就豪迈地答应请客吃饭了。

最初一刻，我以为自己听错了。才四五岁的小屁孩，搞什么请客吃饭？

亦池乐呵呵地说："我幼儿园的朋友啊！我的那一帮哥们儿啊！"

小亦池说这话时候的那表情，那开心那顽皮那快活那骄傲，让我完全无法拒绝。可是，在家里请客吃饭，实在太麻烦了！十好几个孩子，我家碗筷和桌椅板凳都不够！而且，我是没日没夜都在写作，平日都是没有什么闲暇的，我自己都从来不请朋友来家里吃饭，实在没有时间，也实在太麻烦了！我的同事朋友们的建议都很干脆，一句话：小孩子当什么真？不理！

然而，我必须溺爱我的孩子。我必须支持我孩子的社会交往与社会活动能力。我孩子必须多多地交朋结友，融入人群，了解人群，以尽量减少胆怯，直至消灭害怕。

我答应了。我在小亦池面前踱来踱去，紧张和担心失败，因为我从来没有请这么多客人吃饭啊！我让我的孩子当家做主地鼓励我，给我打气，给我建议菜谱，我们再一起到邻居家去借桌椅板凳和餐具。整个过程，我的小亦池忙得乐颠颠的，脸蛋红艳艳的，还时常鼓励我。

第一次替小亦池大宴宾客，令我此生难以忘怀。大清早起床，手拿菜谱，奔赴菜市场，大肆采买。一路小跑回家，择菜料理，红案白案。清洗餐桌餐椅，高温煮沸消毒碗筷厨具。忙得我整个人像鸟一样飞飞的，脚不沾地。

晚饭时候到了，孩子的父母们纷纷送来了他们的孩子，然后约好两个小时以后再来接走他们。我对所有的家长抱歉，因为我实在没有能力同时邀请家长们进餐。

开饭了，我们家里满屋子都是小家伙，满屋子浓烈的孩子气味，小家伙们吃得津津有味，"阿姨，阿姨"的一片叫声，此起彼伏地要求添菜，个个都变得食量惊人。我的小亦池穿梭在她的朋友之间，笑容可掬，扬扬得意，很高兴事实证明了她平日的吹嘘所言不虚，甚至有小孩子称呼亦池为"帮主"了。看着这个场面，我开心极了。

从此，我的烹饪美名在亦池的小朋友中流传开来。惊回首，简直不敢相信，小亦池在家大宴宾客，居然从幼儿园开始一直延续到小学，又从初中延续到高中，再从英国高中延续到英国大学，乃至发展到不仅在我家吃妈妈做的饭，还在我家让妈妈安排大家睡觉过夜，还在我家集体看世界杯，还让妈妈买影碟在我家集体看恐怖片了。

亦池在英国一直念到硕士的这个暑假，回家不仅带同学来吃饭，干脆还就住在我们家了。任何时候，只要亦池有要求有吩咐，我都乐意。我都会立刻放下手中的事情，哪怕是很重要的出国或者出版活动，我都会暂停或者放弃，去给孩子张罗饭菜。

其实坦白说，我烹调一般般。我家饭菜都比较简单，也许根本算不上丰盛和美味。那都没有关系，我是醉翁之意不在酒：我只想听从孩子的心愿，我只想要她快乐，以便她在快乐中逐渐战胜自身的性格弱点。

陈嘉映

孩子，哲学究竟有什么用

　　"哲学"这个概念不可能有一个放在什么场合都合适的定义，就像"宗教""文化""品德"这些概念一样。这并不表明大家不懂这些概念，或理解得不清楚。"跳"这个字出现在任何场合我都明白它的意思，但我无法给"跳"下个定义。

　　所以，历史上对哲学有各种各样的定义并不是很奇怪的事儿。而且，这些定义虽不相同，却也不像有些人设想的那样五花八门，它们多半都互相联系着，有点像同一个迷宫的不同入口。的确，对"哲学"这样的概念下定义，主要的用处是提供一个入口，让人可以踏进一座迷宫。

　　若问我哲学是什么？我会回答，哲学是讲道理的科学，讲道理学。这可以看作了解哲学的一个出发点，本文分别讲讲"讲道理"和"科学"这两个概念。

　　人在各种各样的场合由于各种各样的诱因说话，命令、请求、感叹、讲故事、开玩笑，其中一项是讲道理。"不许出去"，这是下命令；"别出去，外面冷得很"，这是讲道理。讲道理一般回答"为什么"的问题——因为外面冷，所以别出门。

人是一种讲道理的动物，只有超级专制的父母才会只命令孩子这样做那样做而从不说明理由，只有把人民当作奴隶的政府才会只下命令不讲道理。然而，即使我们每次问为什么都徒然遭到一通训斥，我们依然会忍不住问为什么。为什么给他的多给我的少？为什么今天让我向东明天让我向西？为什么太阳老是圆的而月亮有圆有缺？问为什么，是人的本性，回答为什么、讲道理，也就成了生活中一件通常而又重要的事情。父母哪怕瞎编，也得编个道理出来：不能撒谎，撒了谎鼻子会长疮。同理，很专制的政府也需要一套意识形态，好像它滥捕滥杀还挺有道理，实际上，由于专制政府的许多做法很不自然，所以它需要专门豢养一整批意识形态专家来为自己辩护。

有很多种讲道理的方式。一类是为命令和行为提供理由："别出去""为什么""外面冷得很"——因为冷得很，所以不要出门。我们似乎还可以接着问："天为什么冷""因为起风了吗？""为什么起风"等这样的追问没个头。但这是另外一种追问了，是对自然因果的追问，不再是为命令和行为提供理由，不属于狭义的讲道理。我们也许不追问一个原因的原因，而疑问某一个理由何以成为理由。就是说，不问为什么天冷，而问"为什么天冷就不出门呀？"——"这么冷的天出门会冻掉鼻子"，这不是向外追溯因果，而是把原来提供的理由（天冷）分解为一个因果（天冷会冻掉鼻子）和一个理由（因为会冻掉鼻子所以不要出门）。这种向内的追问通常不过两三个问题我们就无言以对。因果可以无穷追问，理由却很快有到头的时候。

另一类讲道理，是从某件具体的事情引申出一个大道理来，蚯蚓无爪牙之利筋骨之强，却上食埃土下饮黄泉，为什么呢？用心一也。大道理偶一讲之，讲在妙处，可以让人豁然开朗，老讲大道理，必定让人不胜其烦，世界上的事物莫不一分为二，数分成正数和负数、整数和分数，人分成革命的和反革命的，鸡蛋分成蛋白和蛋黄，诸如此类。

哲学是讲道的科学，科学研究普遍有效的机制，混在一起，哲学就成了普遍有效的道理，成了大道。结果人们都把哲学当作讲大道理，当成一堆大道理。其实，道理之为道理的普遍机制全然不同于放之四海而皆准的大道理。不仅如此，掌握道理之为道理的机制，恰恰是为了提防某一条有的放矢的道理膨胀成放之四海中任何一海皆无所谓的大道理。我生性怕听大道理，所以才入了哲学这一道，可人家听说我属哲学专业，寒暄未毕就摆出好多大道理来和我论道，我心里常叫苦不迭。不过如前提示，把学哲学当成讲大道理，事出有因，既然投了哲学这行，这黑锅该背也得背着。

蚯蚓没有爪牙之利，为什么能在土里钻来钻去？"用心一也"

是一类回答。另一类回答则完全是另一套，谈的是环肌、纵肌、刚毛等。我们可以选些对照词来标识这是两类回答："用心一也"回答为什么（why），"环肌纵肌"回答怎样（how），前者讲的是人生的道理，后者讲的是自然的机制，等等。这样小来小去换些说法固然不无小补，但我们终究要直面"'为什么'和'怎样'是什么关系？""自然在哪里结束人生从哪里开始？"这些疑问。研究这些问题属于哲学的本职工作。

还有一类讲道理，不是从具体事例到大道理，而是直接从道理到道理。例如，从甲在乙左推出乙在甲右；例如一个人说如果A所以B，今非B所以非A，另一个人可以说他推论错误，这些都是在纯道理层面上讲道理。

讲道理是说话的一种形式，取了讲道理的形式，不一定真有道理，谁说谎谁鼻子长疮，所以不能说谎，这说法取了讲道理的形式，但其中的所谓道理可能根本不成道理。反过来，不取讲道理的形式，绝不意味着讲得不合道理。林妹妹进了荣府，"往东转弯，穿过一个东西的穿堂，向南大厅之后，仪门内大院落，上房五间大正房，两边厢房"，云云，那是描述，不是在讲道理，但讲得有条有理。不仅描述等需要合乎道理，甚至不讲道理也得合乎道理地讲，"我是流氓我怕谁"够不讲理的，但这讲法本身合乎道理，要么他怎么不说"我是小学语文老师我怕谁"呢？"道"和"说话"意思差不多，"道理"和"说话之理"差不多，说话要让人听懂，就得在某个层面上讲道理。与此相应，讲道理的科学也就在某个意义上是说话的科学或语言的科学。哲学是广义的逻辑，逻辑或Logik，来自希腊语里的logos、logein，就是"说话"的意思，"道理"的意思。

道理该分成几类，讲道理和合乎道理的关系如何，不讲道理和不是在讲道理的关系如何，所有这些都可以研究一番，都是哲学或讲道理的科学该去研究的内容，这里不多说了。

上面解释了一下"讲道理"，下面再说说"讲道理的科学"里的"科学"这个概念。不过，"科学"是个极大的概念，这里只浅近谈谈科学和艺术的区别。

"艺术"这个词最朴素的意思差不多等于办法、方法。做一件事情有人上来就胡做，我们说，你这样胡来不行，做事要有个方法。有方式方法，就是有art，有艺术。方法、艺术、性格、道德，所有这些词，既泛指某一领域，又特指这一领域中正面的、优秀的部分。道德研究包括研究不道德的行为，而"有道德"则专指道德优秀。同样，"艺术"既泛指方式方法，又特指优秀的方式方法。我制作一个椅子，不会做，胡做，做出来歪七扭八，又难看又不结实。一个小木匠来做，他有一套做椅子的方法，做成个正正经经的椅子。公输班来做，那就是件艺术品了，得收在博物馆里。当然，公输班做椅子不是想送给博物馆，他就是想做把椅子。从前，艺术不是为博物馆服务的，艺术就是把要做的事情做成，做漂亮。这层意思其实我们现在也不陌生，放马有放马的艺术，烹调有烹调的艺术，有的人字写得真艺术，有的人话说得真艺术。

讲道理也有艺术不艺术之分，有时候讲不好乱讲，有时候正正经经讲出一番道理来，有的人不止于此，他掌握讲道理的艺术，同样的道理让他一讲就讲得那么娓娓动听。

掌握了一门艺术，是广义上的一种"知"。"会编篮子"差不多等于说"知道怎么编篮子"，而且这种知来得尤为真切。不过，这种亲知之外，还有另外一种知识。这两种不同的知识，有时称为知其然和知其所以然。知其然未必知其所以然。反过来，讲得出做一件事情的道道，不一定就做得好这件事情。据说一个曾培养出游泳世界冠军的教练本人是只旱鸭子。

这两种知识的区别，有时称为感性知识和理性知识，或理性不及的认知和理性认知，或实践知识和理论知识。没有两个固定的词语来标识这种区别，我们这里所说的艺术和科学也算一对。不过须注意，虽然我们倾向于用一对对立词语来表示这种差别，但实际上"知"的形态不是明确地分成了两种，而是形成了一连串的等级和过渡。相对于跳高运动员，跳高教练的知识可说是理论知识，但是在体育运动研究所里工作的研究人员，比跳高教练的知识又要理论多了。可以设想背摔式的设计者是个瘫子，根本跳不起来，他研究人体结构和力学发现了背摔式，后来人们用这种姿势打破了世界纪录。

科学是知其所以然的认识。不过说到"科学"，还有系统化的意思。柏拉图和亚里士多德都用episteme来称谓科学（知识），episteme和后来的scientia，本来也就是"知道""认识"之类，但后来专指成系统的知识，以与doxa（零星的偶发的见解）相对。合在一起，我们可以把"科学"理解为知其所以然的系统认识。

我们谈了谈"讲道理"，谈了谈"科学"，这时再来看历史上对"哲学"的各种定义，就不难看出它们之间的互相联系。这里放过这个课题，只说说关于中国有没有哲学的争论。

中国有没有哲学？西学东渐以来，就断断续续有这方面的争论。回答首先得看我们把哲学理解为关于宇宙和人生的基本思考抑或理解为讲道理的科学。关于宇宙和人生的基本思考与讲道理的科学是有内在联系的，本文未及讨论，暂时把它们当作两回事来看待。中国人当然一直有对宇宙和人生的思考，但我愿意把这称作思想或思辨。若坚持把这叫作"哲学"，就没什么要争论的，因为所有民族当然都有哲学。如果这里真有个争论点的话，我认为是在争论中国是否发展出了讲道理的科学。

很多人认为中国没有科学。然而，中国人很早就记录了行星位置的变化，很早就对日食月食或无数其他现象提出了"科学的解释"。那么，怎能说中国没有科学呢？说中国没有科学，显然是说没有发展出牛顿、伽利略那样的近代科学家，而不是说中国人从来只有迷信，没有客观可靠的知识。沿着这样的思路来想，我的大致看法是这样的：从孔子以后到魏晋，中国曾有一段哲学的繁荣时期。孔子讲了好多重要而深刻的道理，但我不认为孔子建立了一门讲道理的科学。孔子讲了一套道理，墨子讲了一套道理，都是事关华夏文明何去何从的要紧道理，于是大家来琢磨哪套道理是真道理，怎样就成道理怎样就不成道理。在这种环境里发展出了哲学，典型的像庄子、老子、孟子，后期墨子、荀子，一直到魏晋玄学的辩名析理。魏晋之后，哲学渐渐衰微。后来有道学理学，听起来像是讲道理的科学，实际上不大关心科学。海德格尔大多数时候也是这样使用"思想"和"哲学"这两个词的，所以他说希腊思想到柏拉图和亚里士多德手里才成了哲学。只不过他大多数时候从消极方面看待这种转变，这一点我不大同意。

我知道中国在魏晋以后没什么哲学这个结论大有商量的余地，但这里不再详述，倒是想提出几点容易引起误解之处。第一，认识需系统到何种程度才宜称为"科学"，原无先天的标准，对讲道理的艺术进行了一些反省，是不是在进行哲学思考？进行了哲学思考，是不是就有了哲学？心里记着这一类问题有助于避免流入字面之争。第二，说中国没有哲学，不等于说中国人不讲道理，也不意味着中国人讲道理讲得不好，讲得不够艺术。没有哲学，单单是说没有形成讲道理的科学。第三，没有哲学，不见得是个缺陷。关于最后一点，我想多说几句。

没有哪个民族没有技术和艺术，但并非每个民族都有科学。人

160

们曾好问中国为什么没发展出近代科学，后来有人指出，问题应当反过来问：西方怎么就发展出了近代科学？之所以换个问法，是想提示，没有科学是常态，没有什么东西命定我们发展出科学来。我们可以没有营养学却吃得挺富营养，而且食物味道极佳，这类话已成老生常谈。科学不是必然要有的，也不是必要的。同理，对于讲道理来说，讲道理的科学并不是必要的。不懂哲学的人可以很会讲道理，反过来哲学家不都是道理讲得最好的，就像游泳教练不一定游泳游得最好。

这就引出一个问题来：哲学有什么用？这有时是个值得讨论的问题，但也应记得，也不是事事都要先看有用没用的。人们现在通常都认为科学很有用，把科学技术叫作第一生产力，其实，西方开始发展近代科学的时候，并不是因为科学有用，也很少用科学有用来为发展科学张本。由科学所支持的技术变成第一生产力是后来的事情。不必需的东西未见得不重要。没有近代科学，人类照样种地盖房吃喝玩乐，但出现了近代科学，它就要反过来剧烈改变种地盖房吃喝玩乐的方式。科学，包括讲道理的科学，改变了西方人的生存面貌，进而改变了人类的生存面貌。至于这种改变是福是祸，笔者则不敢专断。

陈半丁

高考后给孩子的一封信

高中三年，你的主要奋斗目标是高考，中心工作是学习。在学习这个事情上，主要靠你个人努力。现在高考结束了，你还有两个多月就年满十八岁了。在今后的人生旅途，除继续抓好"活到老学到老"的学习，还要增强做好人做好事的思想自觉和行动自觉。

你是一个懂事、成熟的孩子，对你的做人做事，爸爸妈妈是满意的。爸爸提这个话题，是因为做人做事是一个永无止境的过程，没有最好只有更好。

爸爸在这方面并不优秀，常常会为说错话做错事而后悔。但我要履行好爸爸这一职责，则必须尽心尽力地分享自己的认识体会。

爸爸希望你在时间上用"一辈子"，在空间上"无死角"地做好人做好事，将来无论你上什么大学、干什么工作，只要做人做事到位了，爸爸就认为你成功了，否则学习再好事业再大也是失败的。

今天，简要谈谈九个方面粗浅的体会，以此共勉。

第一，做一个有理想的人。应时常仰望星空，不断厚植家国情怀，自觉地为祖国、为人民奉献一切才智，努力成为一个对社会、对集体有贡献、有价值的人。

第二，做一个善良的人。无论处于什么情况，无论面对什么样的人，都要做一个对得起良知的善良人。要慎独、慎微、慎小，勿以善小而不为，勿以恶小而为之。要做讲诚信的人，言必诺，诺必行，行必果，千万不要做失信的人、让人不放心的人。行善也是有原则、有底线的，不做"农夫与蛇"中的农夫。

第三，做一个温暖的人。不断增强关心、关爱他人的意识与能力，做人做事要给人以春风化雨般的温暖，努力让周边的人感到舒服。在任何情况下都要尊重他人，不逞"赢在嘴上"的口舌之快。

第四，做一个独立思考的人。切忌人云亦云，努力养成三思而后行的习惯。保持定力，不惧孤独，不随波逐流，确保自己的人生之船始终朝着正确航向前行。

第五，做一个勤奋的人。"天道酬勤""一分耕耘一分收获"等古训都是先贤们智慧的结晶，应自觉地传承好。勤奋这事说易行难，谁勤奋，谁就能走在时代前列。要过勤奋关，需增强责任心和担当意识，然后一步一个脚印、只争朝夕地奋斗。浪费时间就是浪费生命，做个有时间规划的人，时刻保持"莫等闲、白了少年头，空悲切"的紧迫心态。

第六，做一个善于团结的人。团结就是力量，团结出生产力。唯有团结，才能为自己的成长营造良好、愉悦的外部环境。真团结是大智慧，善团结是大本领，要登高望远、海纳百川，主动团结他人，尤其要努力团结与自己意见不一致的人。品格要高但不能高冷，要明事理、接地气，做个合群的人，所谓"世事洞明皆学问，人情练达即文章"。

第七，做一个执行力强的人。"一分部署，九分执行。"很多时候，我们缺少的不是点子和目标，而是追求实现目标的执着。要做行动派，做靠谱的人、干靠谱的事，不做言语上的巨人、行动上的侏儒。

第八，做一个终身学习的人。当今世界处于百年未有之大变局，"半部论语治天下"的说法早已成为过去式。不学习或者学习不够，一定会遭遇本领恐慌。增强做人做事的本领，没有捷径，只有不断学习、善于学习、终身学习。一位伟人说过："可以一天不吃饭，但不能一日不读书。"既要读有字之书，也要善读无字之书。所谓读万卷书、行万里路。要带着思考读书，还要努力把思考转化为文字。

第九，做一个"学哲学用哲学"的人。哲学是使人聪明的学问，是教人做人做事方法的学问。多学一些辩证法，努力掌握认识世界和改造世界的思想武器，以从容的心态工作和生活，争取做到不以物喜，不以己悲，做情绪的主人，不做情绪的奴隶。

谢觉哉
致子女

　　从搬家谈起，我不反对搬家。如果必要，房子要修理或让给别人住。我们可以搬到比这还好或比这不好的地方去。有一个观点必须改正：这个房子是很好的，不要因有点点子毛病，就叫嚷起来。应该知道：不论吃的、住的、穿的好坏都是比较出来的。我们要看过去，看别人。

　　年纪大的孩子，你们住过延安的房子（定定、飘飘），住过乡里老家的房子（瑷），到北京住过大四眼井的房子，内务部的房子，虽然都不坏，但哪里比得上现在住的房子。论吃与穿也要看过去。我家是地主，我又是有职业的人，我到北京才穿上绸内衣，还是人家送的，手表我以前没有，现在你们穿绸内衣了，戴手表了，七七没有表，可能也会要了。皮鞋，我记得一九三七年去兰州搞统战工作，公家给我买了一双皮鞋，到北京为了接待外宾才买第二双皮鞋。那时我快七十岁了。你们小小年纪就穿皮鞋，且已穿过不止一双。我国出牛皮并不多，皮鞋供应怎能不紧张。

我们的吃，尚不大好，但已比过去好。我的老家是地主，吃得饱但并不那么吃得好。至于你妈妈的老家，靠替人家推磨，靠做小生意，靠捡人家红薯，土里遗下的小红薯，有一顿，没一顿。你舅舅不是因没饭吃，小时候就跑到军队当勤务吗？你妈妈也不是因为穷才参加革命吗？那样的生活，你们是难以想象的。你妈妈要经常对你们谈谈。总之，看过去，我们现在的生活，已经是我们预想不到的了。

说到看别人，你们应知道现在还有成千上万的人吃不饱穿不暖，没有房子住。北京的生活，你们是看到了的：有的人一家子住在一间房屋里，农村的老百姓有的一年吃不到油，北京市居民也只分到四两油。鸡蛋、肉是很难买到。你们舅舅那个院子里就是这样。

我们是共产党人，你们是共产党的子女。共产党是人民的勤务员，要帮助广大人民能过好日子，要工作在先享受在后，当广大人民还十分困难的时候，我们过着这样的生活，应该感到不安，而绝不应该感到不足。

我在某招待所的房子里写的诗，有："愿速化为千广厦，九州男妇尽欢颜。"因为住在那样好的房子里，不能不想起许多人民住的破烂，甚至还没有房子。"广厦""欢颜"字眼，是杜诗上的，杜甫诗："安得广厦千万间，大庇天下寒士俱欢颜。"杜甫思念的

166

"天下寒士"，我们思念的是"九州男妇"，有范围的不同而已。

还有这样的两句唐诗："身多疾病思田里，邑有流亡愧俸钱。"有点像我的现在：老了，身体不健康，应该退休还乡了（上句）。现在人们还有不能安生的，我们每月却领高的工资。这都是人们身上来的，因而不能不有点惭愧。

你们妈妈给我做新衣服，搞吃的，总说："你快八十岁了，还不穿点吃点？"我说："我们吃穿已很好了，再好就要过分了。"意思是指此。

你们好些是大人了，应该懂得道理：

一、看看自己，看看广大人民，作个比较。

人民培养了你们，你们将来怎样报答人民，即学习好本事，能做个好的人民勤务员。

享受要与过去比，与广大人民比，不要把希望实现的事放在少数人身上；不能超过群众或超过太多。如超过或超过多了就要自己警惕。

二、要自己动手。

从买车票谈起，瑗儿的车票买重了，要退。原因是自己没亲自去买，为什么不去呢？是我有警卫员害了你们，害得你们车站的门向东向西，买票的排队情况，都不知道。

凡自己能做的事，都要自己动手。扫地、洗衣服、煮饭、炒菜、院子里挖土种菜，都要做，做惯了，就闲不住，身体也会强壮。你外婆是劳动人民，七十岁了，一早起床就找些事做，身体也很好。

我老了，在这方面不能亲自做你们榜样，但能做的我还是做。

三、对人宽，对己刻。

把难做的事给自己，易做的事给人家。要照顾别人困难，宁肯自己省些。讲个故事：长征时有个时期，我和徐老不在一队，那个时候吃的困难。徐老遇着我，把他带的吃的东西，全部给了我（一共也不过二三斤）。要他留一点，他不肯，理由是他那个单位弄吃的还容易点（其实也并不容易）。徐老满六十时，我送他的诗："是谁都束腹，赠我竟倾囊。"是指此事。很值得你们学习。

四、爱惜东西。

写毛笔要爱护毛笔。写完把笔洗洗，插入笔帽。要爱护书籍，看完要放回原处。要爱惜自己的衣服、鞋子、被褥、用品等，要知道"来之不易"。这些我以前说过，现在不多说了。今日讲的就是这些。

父

一九六二年三月八日

梁继璋

没有人是不可替代的，没有东西是必须拥有的

我儿：

写这备忘录给你，基于三个原则。

（一）人生福祸无常，谁也不知可以活多久，有些事情还是早一点说好。

（二）我是你的父亲，我不跟你说，没有人会跟你说。

（三）这备忘录里记载的，都是我经过惨痛失败得回来的体验，可以使你的成长少走不少冤枉路。

以下，便是你在人生中要好好记住的事。

（一）对你不好的人，你不要太介怀，在你的一生中，没有人有义务要对你好，除了我和你妈妈。至于那些对你好的人，你除了要珍惜、感恩外，也要多防备一点，因为，每个人做每件事，总有一个原因，他对你好，未必真的是因为喜欢你，请你必须搞清楚，而不必太快将对方看作真朋友。

（二）没有人是不可替代的，没有东西是必须拥有的。看透了这一点，将来你身边的人不再要你，或许失去了世间上最爱的一切时，也应该明白，这并不是什么大不了的事。

（三）生命是短暂的，今日你还在浪费着生命，明日会发现生命已远离你了。因此，愈早珍惜生命，你享受有利于生命的日子也越多，与其盼望长寿，倒不如早点享受。

（四）世界上并没有最爱这回事，爱情只是一种霎时的感觉，而这感觉绝对会随时日、心境而改变。如果你的所谓最爱离开你，请耐心地等候一下，让时日慢慢冲洗，让心灵慢慢沉淀，你的苦就会慢慢淡化。不要过分憧憬爱情的美，不要过分夸大失恋的悲。

（五）虽然很多有成就的人士都没有受过很多教育，但并不等于不用功读书就一定会成功。你学到的知识，就是你拥有的武器。人，可以白手兴家，但不可以手无寸铁，谨记！

（六）我不会要求你供养我下半辈子，同样地，我也不会供养你的下半辈子。当你长大到可以独立的时候，我的责任已经完结。以后，你是要坐巴士还是坐Benz（奔驰），是吃鱼翅还是吃粉丝，都要自己负责。

（七）你可以要求自己守信，但不能要求别人守信，你可以要求自己对人好，但不能期待人家对你好。你怎么对人，并不代表人家就会怎么对你，如果看不透这一点，你只会徒添不必要的烦恼。

（八）我买了二十多年的六合彩，还是一穷二白，连三等奖也没有中过，这证明人要发达，还是要努力工作才可以，世界上并没有免费的午餐。

（九）亲人只有一次的缘分，无论这辈子我和你相处多久，也请好好珍惜共聚的时光，下辈子，无论爱与不爱，都不会再见。

你的爸爸梁继璋

06

你的未来就是成为你自己

李银河
赢在起跑线上也不一定一生都成功

亲爱的小壮壮：

今天是你十八岁生日。你终于从一个屁事不懂的小孩长成一个英俊成熟的男子汉了，我感到很欣慰。

在别的孩子都上大学的年龄，你将免考进入职业学校，学习电脑操作或者是烹饪专业，学做一个电脑操作员或者厨师。

由于你从小学习比别的孩子困难，上学又比较晚，所以你无法考大学，无法成为国家的知识精英，但是你仍然可以成为一个出色的完美的人，拥有快乐的人生。我一点也不怀疑这一点。

就像郑渊洁叔叔有一次说的：让孩子输在起跑线上。由于天生条件不优越，你用不着跟其他孩子竞争，一定要拼命赢在起跑线上。因为你的一生不是十几年，而是几十年，输在起跑线上也不一定就一生都失败，赢在起跑线上也不一定就一生都成功。你就属于输在起跑线上的孩子，可是我对你有信心，你的人生不一定就一直失败，甚至终身失败。

在德国，孩子们根据自己的天赋，有的进入大学，出来是白领；有的进入职业学校，学一门手艺，出来是蓝领。两种人都不觉得有什么不妥，也不明显觉得谁高谁低，更不会觉得前者才是成功，后者就是失败。我们中国学校实际上也分为这两类，跟德国不同的是，国内一般都把前者视为成功，后者视为失败，从而为考不上大学的孩子徒增一层烦恼。

可能是因为"万般皆下品，唯有读书高"的文化传统，也可能是因为重视脑力劳动、轻视体力劳动的社会评价，智商不够高的孩子往往压力大，成长艰难，总是以为自己很失败。其实许多成功的企业家、艺术家不一定有很高的学历；一位厨师也不一定就必定生活得不如科学家快乐。

人生的评价有两个维度：一个是客观的维度；一个是主观的维度。前者是社会对一个人的评价，后者是自己对自身的评价。

从客观维度上来看，有的人更成功，有的人比较失败。前者跟其他人相比，会在人生中拥有更多的社会资本、经济资本、文化资本，说白了就是会更有权、更有钱、更有名；而后者会拥有较少的社会资本、经济资本和文化资本，也就是会比较无权、无钱、无名。但是你要记住，一个人的成功与失败并不是仅仅由上学考试决定的，除了考上大学之外，人还有其他的成功途径，比如做一个成功的厨师就不需要上大学，上职业学校就可以了。

从主观维度上来看，有的人更快乐，有的人比较痛苦。成功与否与人生快乐的程度并不是绝对成正比的。换言之，并非越成功的人就越快乐，不成功的人生就只能是痛苦的。因为无论成功与否，人只有几十年的生命，再成功的人也得死，而一个人的一生是快乐还是痛苦的主要取决于他怎样来看待人生。

人生的境界有四类：一种是既成功又快乐；一种是既不成功又不快乐；一种是成功但是不快乐；一种是不成功但是快乐。我当然希望你的生活既成功又快乐，但是万一不成功，一事无成，我也希望你是快乐的。如果你的人生是成功的，那么就"人生得意须尽欢，莫使金樽空对月"；如果你的人生不成功，那么就"人生在世不称意，明朝散发弄扁舟"。

总而言之，人生苦短。在你这个岁数跟你说这个，你当然体会不到，因为还有漫长的一生在前面。但是你早晚会体会到这一点。希望你珍爱自己的生命，做一个优雅而可爱的人，拥有一个快乐的人生。

爱你的妈妈

钱文忠
兴趣与志趣

多多：

今天一早，八时半未到，爸爸就赶到武宁路邮局，拿到了第一号号牌。缴完税，办好手续，领取了你从日本订购的铠甲。想到你一放学就可以看到，我们父子俩可以一起将铠甲装挂起来，共同欣赏，爸爸就非常高兴。昨夜，爸爸工作到很晚；而且连续几天都是如此。本来感觉极其疲劳，而此刻却顿觉轻松。做父母的，尤其是今天的中国父母，喜怒哀乐大概主要都是跟着自己的孩子走的。只要孩子开心，父母就开心，而且会加倍地开心。爸爸又怎能例外呢？

多多，十七年来，你带给爸爸的快乐实在太多了。都说，有了孩子，生命才完整丰满。你为爸爸证明了这一点。

然而，今天的这场快乐格外不同。因为，这次你买下的绝不仅仅是一副名贵的铠甲；从你和爸爸的交谈中，爸爸清楚地感受到，你对与这套铠甲密切相关的日本古代史、战争史、工艺史、大名制度，都积累起了相当可观的知识，在很多方面，远远超过了身为大学历史系老师的爸爸。哪个父亲会不为此欣喜呢？

多多，你可知道这意味着什么吗？爸爸为什么说今天的快乐"格外不同"吗？因为，这次你订购铠甲，说明你在没有直接指导的情况下，通过独立的摸索，特别是大量的课外阅读，与网上同好的互动交流，逐渐积聚起可观的专门甚或堪称冷僻的知识，初步勾勒出了与众不同的个人兴趣。并且，通过你独自决定的订购，勇于将知识交诸实际的考验，跨出了由兴趣到志趣的极其重要的一步。这是真正的成长，当然是爸爸期待的。

再也没有什么能比拥有自己的兴趣，形成自己的志趣更重要的了。

从你小的时候开始，爸爸就只关注你的行为举止、人格养成、性格成型。对普通意义上的"学习"，则给你最大的自由。你和同学们相比，很特别的一点是，从未上过任何补习班、提高班、特色班之类的课外班；爸爸从来不看重，甚至不过问你的考试分数；回想起来，更从未强迫你去学习什么。

但是，这绝不是漠不关心。父母怎么会不关心自己的孩子呢？爸爸一直在关注着你，了解、琢磨、判断你的兴趣所在。这也就是爸爸给你买的书那么多、那么杂的原因。兴趣之门不打开，再强、再多的知识也只能望洋兴叹。所以，在爸爸看来，所谓"成绩"大可不必着急。让你在自由中培植兴趣的苗圃，越繁盛越好，越葱郁越好。也许，有段时间，甚至是很长时间，你的兴趣苗圃会杂草丛生，你也因此环顾迷乱，游移不定，不知所措。可是，又有什么要紧呢？终有一天，苗圃的某个地方，可能是个最不起眼的角落，会生出一朵花、一丛草、一茎竹来，它的姿态、色彩、气息，契合了你天性中的某一点，让你的心猛地悸动。你就会迎向它，心无旁骛地浇灌它、养护它、培育它，无怨无悔地与它相伴，度过每一轮春夏秋冬。你的生命就注定不会是一汪死水，而会流转不息，倒映出每一年、每一季的云起云落、花开花谢，从而绚丽斑斓，灵动自然。

这就行了，这就成了。

所以，一时成绩分数的好坏，不仅爸爸毫不在意，也希望你不要纠结于此。重要的是找到并明确自己的兴趣。

假如说兴趣是萌芽，那么，就要努力使它苗壮成长，辛勤呵护，才能逐渐发育成坚强的枝干，这根枝干就是志趣。

随兴生趣，由此立志，成材之路，舍此莫由。然而，从兴趣到志趣，恐怕就不能像前面所说的那样自由自在了。

多多，你还记得你小时候，爸爸带你去北大拜见爸爸的恩师季羡林老爷爷吗？老爷爷很喜爱你，把你抱在身上，照了一张相。老爷爷爱猫是有名的，朗润园十三公寓家里养了三只，满地跑，很热闹。你还不怎么能说话呢，指着猫说："喵呜。"老爷爷没听清楚，愣了一下，说道："噢，猫，喵呜是猫的反切。"此后的好多年，你一直称季老爷爷为"喵呜太爷爷"。好几次，我向你提起这一幕，用意是想引发你对汉语音韵学的兴趣。不过，看来机缘未到。季老爷爷去世已经五年了，如果老人家还在，那是一百零三岁了，见到你长那么大，对古代历史有浓厚兴趣，一定非常高兴。

我在这里想对你说的，是季老爷爷的一句话："成功=天才+勤奋+机遇。"老人家自谦，常说自己有过人的好机遇。其实，季老爷爷对天才和勤奋的关系，真是看得透彻，说得明白易晓。老爷爷说，一个人会对某样东西特别感兴趣，正透露出他在这个方面有天才；既然如此，他起码在这个方面是聪明的。但是，这绝对不足以让他成功，他还必须勤奋。季老爷爷说，最好的情况是聪明的人下笨功夫，一定有大成就；笨人下笨功夫，也能有所成就，等而下之，聪明人下聪明功夫，就谈不上会有什么成就；笨人下聪明功夫，那就迹近滑稽了。

好好思考一下季老爷爷这些话，一定会受益终身。

前不久，爸爸陪同赵启正爷爷到格致中学演讲。赵爷爷曾经是国家发言人，你也经常可以从电视上领略赵爷爷"向世界说明中国"的智慧与风采。赵爷爷是物理学世家出身，自己曾经从事过多年的物理学研究。不知道你那天听讲时，是否注意到，赵爷爷用了一个与季老爷爷有所不同的公式，来说明勤奋的重要性："成功

=天才×勤奋"！纵然有一百分的天才，如果勤奋是零分，其结果就是零。当然，如果毫无天才，那也不可能成功。赵爷爷的这个公式，意味深远，核心是更强调勤奋的重要性。你也好好咀嚼琢磨下。

多多，也许你会问爸爸："你确定一直希望我勤奋、用功？既然勤奋如此重要，为什么你直到现在，才正式地向我强调呢？"

好问题，爸爸之所以在今天才向你以最郑重的方式强调勤奋，乃是因为，太多的人将勤奋简单地理解成、解释成"下苦功夫"。就这一个"苦"字，让多少人望勤奋而却步！爸爸也曾经百思不得其解：勤奋怎么就是苦的呢？爸爸思考的结果是，也许正是在没有找到属于自己的兴趣之前，一味地以强迫的姿态要求勤奋，勤奋才必然是苦的。但是，在找到了自己的兴趣以后，勤奋还是苦的吗？你如此勤奋地钻研铠甲，苦吗？你如此勤奋地阅读在别人眼里枯燥无味、冷僻古怪的古代历史，苦吗？你当然冷暖自知。爸爸猜想，你的乐趣大概还不想为外人道吧！这就是宝贵的自得其乐！

真正的勤奋，或者用时髦的话说"可持续的勤奋"，一定是快乐的。只有乐在其中的人，才能是真正勤奋的，反之亦然。

爸爸无比欣喜地看到，你显露出了、明了了自己的兴趣所在，并且乐意将其发展成志趣；那么，爸爸就以此为机缘，郑重提醒你，郑重建议你，要将无意识的勤奋培养成有意识的习惯或生活方式。

人的一生，拥有自己的兴趣，并且以此立志而成志趣，孜孜以求，乐在其中，怎么会不快乐、不幸福呢？而这，正是爸爸唯一期待于十七岁的你的。

可能你留心到了，爸爸一直没有提及季老爷爷公式里的"机遇"。原因是，机遇者，可遇而不可求也。爸爸悄悄地告诉你，这和天才、勤奋并没有必然的联系，爸爸同样郑重地建议你，不必期盼无法由自己决定的东西。有，欣然；无，坦然。

爸爸的责任之一，也可以说是最重要的责任，正是通过爸爸的努力，为心爱的儿子创造一个条件：尽量减轻不可知的"机遇"对你未来人生的影响。

爸爸非常愿意承担这份责任。在今天，爸爸更是满怀欣喜地乐意承担这份责任。当然，这不容易，爸爸还需要在各方面更加努力。等到你也做了父亲，你就会明白这份"不容易"了。

在今天的中国，凭借着自己的天分和勤奋，循着由兴趣到志趣的道路，再加上长辈辛勤努力为你留下的一些基础条件，多多，你还是有很大的可能拥有一个圆满的人生。而这，就意味着快乐、健康、平静。想到这一点，爸爸就很快慰。

从你很小的时候开始，爸爸就一再说：希望你要生理健康、心理健康；希望你重文化更重文明，重教育更重教养，重学历更重学力。而这些，爸爸确信，已经不必为你担心了。

谢谢你，多多，正是你给了爸爸这一份信心。其实，这已经足够了。

父亲钱文忠

2014年5月28日于履冰室灯下

闻一多
一封家信让我高兴得多吃一碗饭

鹤、雕两儿阅悉：

今天上课回来，看见桌上一封家信，已经喜欢得很。拆开一看，文字比从前更通顺，字迹也整齐，我更高兴。再加上信中带来消息，说北平的书寄来了一部分，尤其令我喜出望外。今天非多吃一碗饭不可！你们的信稿究竟有人改过没有？像这样进步下去，如何是好！你们真应感谢祖父，应当加意服侍祖父和祖母。你们年纪一天大一天，应该能够服侍。写信可以代替作文，以后要每星期来一次信。如果太忙，可以由你们二人和你母亲轮流写。信中少说空话，多报消息，家中或乡间任何琐事都是写信的资料。这样写法，我每次接到你们一封信，不就等于回家一次吗？上次写信给祖父请教你们读四书，不知已实行否？在这未上学校的期间，务必把中文底子打好。我自己教中文，我希望我的儿子在中文上总要比一般强一点。三月薪金已发，但蒙自尚未领到。因为此地银行处尚未成立，一时也不能汇钱回来。你母亲手中余款总共还有多少，来信务须告我。小弟、大妹、小妹做些什么，说些什么，也告诉我，我很想念他们。天气渐热，怕生病，一切要小心。每次来信应书明阳历日期。

父亲

1938年5月

梁实秋
孩子

兰姆是终身未娶的，他没有孩子，所以他有一篇《未婚者的怨言》收在他的《伊利亚随笔》里。他说孩子没有什么稀奇，就像阴沟里的老鼠一样，到处都有，所以有孩子的人不必在他面前炫耀，他的话无论是怎样中肯，但在骨子里有一点酸——葡萄酸。

我一向不信孩子是未来世界的主人翁，因为我亲见孩子到处在做现在的主人翁。孩子活动的主要范围是家庭，而现代家庭很少不是以孩子为中心的。一夫一妻不能成为家，没有孩子的家像是一株不结果实的树，总缺点什么，必定等到小宝贝呱呱坠地，家庭的柱石才算放稳，男人开始做父亲，女人开始做母亲，大家才算找到各自的岗位。我问过一个并非"神童"的孩子："你妈妈是做什么的？"他说："给我缝衣的。""你爸爸呢？"小宝贝翻翻白眼："爸爸是看报的！"但是他随即更正说，"是给我们挣钱的。"孩子的回答全对。爹妈全是在为孩子服务。母亲早晨喝稀饭，买鸡蛋给孩子吃；父亲早晨吃鸡蛋，买鱼肝油精给孩子吃。最好的东西都要献呈给孩子，否则，做父母的心里便起了惶恐，像是做了什么大逆不道的事一般。孩子的健康及其舒适，成为家庭一切设施的一个主要先决问题。这种风气，自古已然，于今为烈。自有小家庭制以来，孩子的地位顿形提高，以前的"孝子"是孝顺其父母之子，今之所谓"孝子"乃是孝顺其孩子之父母。孩子是一家之主，父母都要孝他！

"孝子"之说，并不偏激。我看见过不少的孩子鼓噪起来能像一营兵；动起武来能像械斗；吃起东西来能像饿虎扑食；对于尊长、宾客有如生番；不如意时撒泼打滚有如羊痫；玩得高兴时能把家具什物狼藉满室，有如惨遭洗劫；……但是"孝子"式的父母则处之泰然，视若无睹，顶多皱起眉头，但皱不过三四秒钟仍复堆满笑容，危及父母的生存和体面的时候，也许要狠心咒骂几声，但那咒骂大部分是哀怨乞怜的性质，其中也许带一点威吓，但那威吓只能得到孩子的讪笑，因为那威吓是向来没有兑现过的。"孟懿子问孝，子曰：'无违。'"今之"孝子"深韪是说。凡是孩子的意志，为父母者宜多方体贴，勿使稍受挫阻。近代儿童教育心理学者又有"发展个性"之说，与"无违"之说正相符合。

体罚之制早已被人唾弃，以其不合儿童心理健康之故，我想起一个外国的故事：

一个母亲带孩子到百货商店，经过玩具部，看见一匹木马，孩子一跃而上，前摇后摆，踌躇满志，再也不肯下来，那木马不是为出售的，是商店的陈设。店员们叫孩子下来，孩子不听；母亲叫他下来，加倍不听；母亲说带他吃冰淇淋去，依然不听；买朱古力糖去，格外不听。任凭许下什么愿，总是还你一个不听；当时演成僵局，顿成胶着状态。最后一位聪明的店员建议说："我们何妨把百货商店特聘的儿童心理学专家请来解围呢？"众谋佥同，于是把一位天生成有教授面孔的专家从八层楼请了下来。专家问明原委，轻轻走到孩子身边，附耳低声说了一句话，那孩子便像触电一般，滚鞍落马，牵着母亲的衣裙，仓皇遁去。事后有人问那专家到底对孩子说的是什么话，那专家说："我说的是：'你若不下马，我打碎你的脑壳！'"

这专家真不愧为专家，但是颇有不孝之嫌。这孩子假如平常受惯了不兑现的体罚、威吓，则这专家亦将无所施其技了。约翰孙博士主张不废体罚，他以为体罚的妙处在于直截了当，然而约翰孙博士是十八世纪的人，不合时代潮流！

哈代有一首小诗，写孩子初生，大家誉为珍珠宝贝，稍长都夸做玉树临风，长成则为非作歹，终致陈尸绞架。这老头子未免过于悲观。但是"幼有神童之誉，少怀大志。长而无闻，终乃与草木同朽"——这确是个可以普遍应用的公式，"小时聪明，大时未必了"，究竟是知言，然而为父母者多属乐观，孩子才能骑木马，父母便幻想他将来指挥十万貔貅时之马上雄姿；孩子才把一曲抗战小歌哼得上口，父母便幻想着他将来喉声一啭彩声雷动时的光景；孩子偶然拨动算盘，父母便暗中揣想他将来或能掌握财政大权，同时兼营投买卖；……这种乐观往往形诸言语、成为炫耀，使旁观者有说不出的感想。曾见一幅漫画：一个孩子跪在他父亲的膝头用他的玩具敲打他父亲的头，父亲眯着眼在笑，那表情像是在宣告："看看！我的孩子！多么活泼——多么可爱！"旁边坐着一位客人咧着大嘴做傻笑状，表示他在看着，而且感觉有趣。这幅画的标题是"演剧术"。一个客人看着别人家的孩子而能表示感觉有趣，这真确实需要良好的"演剧术"，兰姆显然是不欢喜这样的戏。

孩子中之最蠢、最懒、最刁、最泼、最丑、最弱，最不讨人欢喜的，往往最得父母的钟爱。此事似颇费解，其实我们应该记得《西游记》中唐僧为什么偏偏喜欢猪八戒。

谚云："树大自直。"意思是说孩子不需管教，小时恣肆些，大了自然会好。可是弯曲的小树，长大是否会直呢？我不敢说。

朱自清
儿女

　　我现在已是五个儿女的父亲了。想起圣陶喜欢用的蜗牛背了壳的比喻，便觉得不自在。新近一位亲戚嘲笑我说，要剥层皮呢！更有些悚然了。十年前刚结婚的时候，在胡适之先生的《藏晖室札记》里，见过一条，说世界上有许多伟大的人物是不结婚的；文中并引培根的话，有妻子者，其命定矣。当时确吃了一惊，仿佛梦醒一般；但是家里已是不由分说给娶了媳妇，又有什么可说？现在是一个媳妇，跟着来了五个孩子；两个肩头上，加上这么重一副担子，真不知怎样走才好。命定是不用说了；从孩子们那一面说，他们该怎样长大，也正是可以忧虑的事。我是个彻头彻尾自私的人，做丈夫已是勉强，做父亲更是不成。自然，子孙崇拜，儿童本位的哲理或伦理，我也有些知道；既做着父亲，闭了眼抹杀孩子们的权利，知道是不行的。可惜这只是理论，实际上我是仍旧按照古老的传统，在野蛮地对付着，和普通的父亲一样。近来差不多是中年的人了，才渐渐觉得自己的残酷；想着孩子们受过的体罚和叱责，始终不能辩解——像抚摩着旧创痕那样，我的心酸溜溜的。有一回，读了有岛武郎《与幼小者》的译文，对那种伟大的、沉挚的态度，我竟流下泪来了。去年父亲来信，问起阿九，那时阿九还在白马湖呢；信上说，我没有耽误你，你也不要耽误他才好。我为这句话哭了一场；我为什么不像父亲那般仁慈？我不该忘记，父亲怎样待我们来着！人性许真是二元的，我是这样地矛盾；我的心像钟摆似的来去。

你读过鲁迅先生的《幸福的家庭》吗？我的便是那一类的幸福家庭！每天午饭和晚饭，就如两次潮水一般。先是孩子们你来他去地在厨房与房间里查看，一面催我或妻发"开饭"的命令。急促繁碎的脚步，夹着笑和嚷，一阵阵袭来，直到命令发出为止。他们一递一个地跑着喊着，将命令传给厨房里用人；便立刻抢着回来搬凳子。于是这个说，我坐这儿！那个说，大哥不让我！大哥却说，小妹打我！我给他们调解，说好话。但是他们有时候很固执，我有时候也不耐烦，这便用着叱责了；叱责还不行，不由自主地，我的沉重的手掌便到他们身上了。于是哭的哭，坐的坐，局面才算定了。接着可又你要大碗，他要小碗，你说红筷子好，他说黑筷子好；这个要干饭，那个要稀饭，要茶要汤，要鱼要肉，要豆腐，要萝卜；你说他菜多，他说你菜好。妻是照例安慰着他们，但这显然是太迂缓了。我是个暴躁的人，怎么等得及？不用说，用老法子将他们立刻征服了；虽然有哭的，不久也就抹着泪捧起碗了。吃完了，纷纷爬下凳子，桌上是饭粒呀，汤汁呀，骨头呀，渣滓呀，加上纵横的筷子，欹斜的匙子，就如一块花花绿绿的地图模型。吃饭而外，他们的大事便是游戏。游戏时，大的有大主意，小的有小主意，各自坚持不下，于是争执起来；或者大的欺负了小的，或者小的竟欺负了大的，被欺负的哭着嚷着，到我或妻的面前诉苦；我大抵仍旧要用老法子来判断的，但不理的时候也有。最为难的，是争夺玩具的时候：这一个的与那一个的是同样的东西，却偏要那一个的，而那一个便偏不答应。在这种情形之下，不论如何，终于是非哭了不可的。这些事件自然不至于天天都有，但大致总有好些起。我若坐在家里看书或写什么东西，管保一点钟里要分几回心，或站起来一两次的。若是雨天或礼拜日，孩子们在家的多，那么，摊开书竟看不下一行，提起笔也写不出一个字的事，也有过的。我常和妻说，我们家真是成日的千军万马呀！有时是不但成日，连夜里也有兵马在进行着，在有吃乳或生病的孩子的时候！

我结婚那一年，才十九岁。二十一岁，有了阿九；二十三岁，又有了阿菜。那时我正像一匹野马，哪能容忍这些累赘的鞍鞯，辔头，和缰绳？摆脱也知是不行的，但不自觉地时时在摆脱着。现在回想起来，那些日子，真苦了这两个孩子；真是难以宽宥的种种暴行呢！阿九才两岁半的样子，我们住在杭州的学校里。不知怎的，这孩子特别爱哭，又特别怕生人。一不见了母亲，或来了客，就哇哇地哭起来了。学校里住着许多人，我不能让他扰着他们，而客人也总是常有的；我懊恼极了，有一回，特地骗出了妻，关了门，将他按在地上打了一顿。这件事，妻到现在说起来，还觉得有些不忍；她说我的手太辣了，到底还是两岁半的孩子！我近年常想着那时的光景，也觉黯然。阿菜在台州，那是更小了；才过了周岁，还不大会走路。也是为了缠着母亲的缘故吧，我将她紧紧地按在墙角里，直哭喊了三四分钟；因此生了好几天病。妻说，那时真寒心呢！但我的苦痛也是真的。我曾给圣陶写信，说孩子们的折磨，实在无可奈何；有时竟觉着还是自杀的好。这虽是气愤的话，但这样的心情，确也有过的。后来孩子是多起来了，折磨也折磨得久了，少年的锋棱渐渐地钝起来了；加以增长的年岁增长了理性的裁制力，我能够忍耐了——觉得从前真是一个不成材的父亲，如我给另一个朋友信里所说。但我的孩子们在幼小时，确比别人的特别不安静，我至今还觉如此。我想这大约还是由于我们抚育不得法；从前只一味地责备孩子，让他们代我们负起责任，却未免是可耻的残酷了！

正面意义的幸福，其实也未尝没有。正如谁所说，小的总是可爱，孩子们的小模样，小心眼儿，确有些教人舍不得的。阿毛现在五个月了，你用手指去拨弄她的下巴，或向她做鬼脸，她便会张开没牙的嘴咯咯地笑，笑得像一朵正开的花。她不愿在屋里待着；待久了，便大声嚷。妻常说，姑娘又要出去溜达了。她说她像鸟儿一般，每天总得到外面溜一些时候。闰儿上个月刚过了三岁，笨得很，话还没有学好呢。他只能说三四个字的短语或句子，文法错误，发音模糊，又得费气力说出；我们老是要笑他的。他说好字，总变成小字；问他好不好？他便说小，或不小。我们常常逗着他说这个字玩儿；他似乎有些觉得，近来偶然也能说出正确的好字了——特别是在我们故意说成小字的时候。他有一只搪瓷碗，是一毛来钱买的；买来时，老妈子教给他，这是一毛钱。他便记住一毛两个字，管那个碗叫一毛，有时竟省称为毛。这在新来的老妈子，是必需翻译了才懂的。他不好意思，或见着生客时，便咧着嘴痴笑；我们常用了土话，叫他做呆瓜。他是个小胖子，短短的腿，走起路来，蹒跚可笑；若快走或跑，便更好看了。他有时学我，将两手叠在背后，一摇一摆的；那是他自己和我们都要乐的。他的大姊便是阿菜，已是七岁多了，在小学校里念着书。在饭桌上，一定得啰啰唆唆地报告些同学或他们父母的事情；气喘喘地说着，不管你爱听不爱听。说完了总问我：爸爸认识吗？爸爸知道吗？妻常禁止她吃饭时说话，所以她总是问我。她的问题真多：看电影便问电影里的是不是人？是不是真人？怎么不说话？看照相也是一样。不知谁告诉她，兵是要打人的。她回来便问，兵是人吗？为什么打人？诸如此类的问题，每天短不了，常常闹得我不知怎样答才行。她和闰儿在一处玩儿，一大一小，不很合适，老是吵着哭着。但合适的时候也有：譬如这个往床底下躲，那个便钻进去追着；这个钻出来，那个也跟着——从这个床到那个床，只听见笑着，嚷着，喘着，真如妻所说，像小狗似的。现在在京的，便只有这三个孩子；阿九和转儿是去年北来时，让母亲暂时带回扬州去了。

阿九是欢喜书的孩子。他爱看《水浒》《西游记》《三侠五义》《小朋友》等；没有事便捧着书坐着或躺着看。只不欢喜《红楼梦》，说是没有味儿。是的，《红楼梦》的味儿，一个十岁的孩子，哪里能领略呢？去年我们事实上只能带两个孩子来；因为他大些，而转儿是一直跟着祖母的，便在上海将他俩丢下。我清清楚楚记得那分别的早上。我领着阿九从二洋泾桥的旅馆出来，送他到母亲和转儿住着的亲戚家去。妻嘱咐说，买点吃的给他们吧。我们走过四马路，到一家茶食铺里。阿九说要熏鱼，我给买了；又买了饼干，是给转儿的。便乘电车到海宁路。下车时，看着他的害怕与累赘，很觉恻然。到亲戚家，因为就要回旅馆收拾上船，只说了一两句话便出来；转儿望望我，没说什么，阿九是和祖母说什么去了。我回头看了他们一眼，硬着头皮走了。后来妻告诉我，阿九背地里向她说：我知道爸爸喜欢小妹，不带我上北京去。其实这是冤枉的。他又曾和我们说，暑假时一定来接我啊！我们当时答应着，但现在已是第二个暑假了，他们还在迢迢的扬州待着。他们是恨着我们呢，还是惦着我们？妻是一年来老放不下这两个，常常独自暗中流泪，但我有什么法子呢！想到"只为家贫成聚散"一句无名的诗，不禁有些凄然。转儿与我较生疏些。但去年离开白马湖时，她也曾用了生硬的扬州话（那时她还没有到过扬州呢），和那特别尖的小嗓子向着我说："我要到北京去。"她晓得什么北京，只跟着大孩子们说罢了，但当时听着，现在想着的我，却真是抱歉呢。这兄妹俩离我，原是常事，离开母亲，虽也有过一回，这回可是太长了；小小的心儿，不知道是怎样忍耐那寂寞来着！

我的朋友大概都是爱孩子的。少谷有一回写信责备我，说儿女的吵闹，也是很有趣的，何至可厌到如我所说，他说他真不解。子恺为他家华瞻写的文章，真是蔼然仁者之言。圣陶也常常为孩子操心：小学毕业了，到什么中学好呢？这样的话，他和我说过两三回了。我对他们只有惭愧！可是近来我也渐渐觉着自己的责任。我想，首先该将孩子们团聚起来，其次便该给他们些力量。我亲眼见过一个爱儿女的人，因为不曾好好地教育他们，便将他们荒废了。他并不是溺爱，只是没有耐心去料理他们，他们便不能成材了。我想我若照现在这样下去，孩子们也便危险了。我得计划着，让他们渐渐知道怎样去做人才行。但是要不要他们像我自己呢？这一层，我在白马湖教初中学生时，也曾从师生的立场上问过丏尊，他毫不踌躇地说，自然啰。近来与平伯谈起教子，他却答得妙，总不希望比自己坏啰。是的，只要不比自己坏就行，像不像倒是不在乎的。职业，人生观等，还是由他们自己去定的好；自己顶可贵，只要指导，帮助他们去发展自己，便是极贤明的办法。

予同说，我们得让子女在大学毕了业，才算尽了责任。SK

说，不然，要看我们的经济，他们的材质与志愿；若是中学毕了业，不能或不愿升学，便去做别的事，譬如做工人吧，那也并非不行的。自然，人的好坏与成败，也不尽靠学校教育；说是非大学毕业不可，也许只是我们的偏见。在这件事上，我现在不能有一定的主意；特别是这个变动不居的时代，知道将来怎样？好在孩子们还小，将来的事且等将来吧。目前所能做的，只是培养他们基本的力量——胸襟与眼光；孩子们还是孩子们，自然说不上高的远的，慢慢从近处小处下手便是了。这自然也只能先按照我自己的样子：神而明之，存乎其人，光辉也罢，倒霉也罢，平凡也罢，让他们各尽各的力去。我只希望如我所想的，从此好好地做一回父亲，便自称心满意——想到那狂人救救孩子的呼声，我怎敢不悚然自勉呢？

刘慈欣
两百年后的世界

亲爱的女儿:

你好!

这是一封你可能永远收不到的信,我将把这封信保存到银行的保险箱中,在服务合同里,我委托他们在我去世后的第二百年把信给你。不过我还是相信,你收到信的可能性更大一些。

现在你打开了信,是吗?这时纸一定是比较罕见的东西了,这时用笔写的字一定消失已久,当你看着这张信纸上的字时,爸爸早已消逝在时间的漫漫长夜中,有二百多年了。我不知道人的记忆在两个多世纪的岁月中将如何变化,经过这么长的时间,我甚至不敢奢望你还记得我的样子。

但如果你在看这封信,我至少有一个预言实现了:在你们这一代,人类征服了死亡。在我写这封信的时候已经有人指出:第一个永生的人其实已经出生了,当时我是相信这话的少数人之一。

我不知道你们是怎么做到的，也许你们修改了人类的基因，关掉了其中的衰老和死亡的开关，或者你们的记忆可以数字化后上传或下载，躯体只是意识的承载体之一，衰老后可以换一个……我还可以想出其他很多种可能，但有一点可以肯定：不管你们的生命已经飞跃到什么样的形态，你还是你，甚至，在你所拥有的漫长未来面前，你此时仍然感觉自己是个孩子。

你收到这封信，还说明了一个重要的事实：银行对这封信的保管业务一直在正常运行，说明这两个多世纪中社会的发展没有重大的断裂，这是最令人欣慰的一件事，如果真是这样，那我的其他的预言大概也都成为现实。在你出生后不久，在我新出版的一本科幻小说的扉页上，我写下了："送给我的女儿，她将生活在一个好玩儿的世界。"我相信你那时的世界一定很好玩儿。

你是在哪儿看我的信？在家里吗？我很想知道窗外是什么样子。对了，应该不需要从窗子向外看，在这个超信息时代，一切物体都能变成显示屏，包括你家的四壁，你可以随时让四壁消失，置身于任何景致中……你可能已经觉得我可笑了，就像一个清朝的人试图描述二十一世纪一样可笑。但你要知道，世界是在加速发展的，二十一世纪以后，二百多年的技术进步相当于以前的两千多年，甚至更长的时间，所以我不是像清朝人，而是像春秋战国的人想象二十一世纪那样想象你的时代，在这种情况下，想象力与现实相比将显得极度贫乏。但作为一个写科幻小说的人，我想再努力一下，也许能使自己的想象与你所处的神话般的现实沾一点边。

好吧，你也许根本没在看信，信拿在别人手里，那人在远方，是他在看我的信，但你在感觉上同自己在看一样，你能够触摸到信纸的质地，也能嗅到那两个多世纪后残存的已经淡到似有似无的墨香……因为在你的时代，互联网上联结的已经不是电脑，而是人脑了。信息时代发展到极致，必然实现人脑的直接联网。

你的孩子不用像你现在这样辛苦地写作业了，传统意义上的教育已经不存在，每个人都可以在联入网络的瞬间轻易拥有知识和经验。但与人脑互联网带来的新世界相比，这可能只是一件微不足道的事，那将是怎样一个世界，我真的无法想象了，还是回到我比较容易把握的话题上来吧。

说到孩子，你是和自己的孩子一起看这封信吗？在那个长生的世界里，还会有孩子吗？我想会有的，那时，人类的生存空间应该已经不是问题，太阳系中有极其丰富的资源，如果地球最终可以养活一千亿人，这些资源则可以维持十万个地球，你们一定早已在地球之外建立新世界了。

你家的周围应该很空旷，远处稀疏的建筑点缀在绿色的大自然中。城市化可能只是一个历史阶段，信息网络的发展最终将使城市变得越来越分散，并最终消失，人们将再次与大自然融为一体，但网络上的虚拟城市将更加庞大和密集，如果你愿意，随时都可以置身于时尚的中心。

那时的天空是什么样子？天空是人类所面对的最恒久不变的景致，但我相信那时你们的天空已经有了变化，空中除了日月星辰，还能看到一些别的东西，地球应该多出了一条稀疏的星环，地球上所有的能源和重工业都已经迁移到太空中，那些飘浮的工厂和企业构成了星环。从地面上看，那些组成星环的东西有些能看出形状，像垂在天空上的精致的项链坠，那是太空城，我甚至能想出它们的名字：新北京、新上海和新纽约什么的。

　　也许你现在已经不在地球上了，你就在一座太空城中，或者在更远的地方。我想象你在一座火星上的城市中，那城市处于一个巨大的透明防护罩里，城外是一望无际的红色沙漠。你看着防护罩外的夜空，看着夜空一颗蓝色的星星，你是从那里来的，二百多年前我们一家也在那里生活过。

　　你的职业是什么？你所在时代应该只有少数人还在工作，而他们工作的目的已经与谋生无关。但我也知道，那时仍然存在着许多需要人去做的工作，有些甚至十分艰险。比如火星，其环境不可能在两个多世纪中地球化，在火星的荒漠中开拓和建设肯定是艰巨的任务。同时，在水星灼热的矿区，在金星的硫酸雨中，在危险的小行星带，在木卫二冰冻的海洋上，甚至在太阳系的外围，在海王星轨道之外寒冷寂静的太空中，都有无数人在工作着。你当然有权选择自己的生活，但如果你是他们中的一员，我为你而骄傲。

　　在你们的时代，我相信有一个一直在想象中存在的最伟大的工作或使命已经成为现实，它的艰巨和危险，它所需要的献身精神，在人类历史上是史无前例的，那就是恒星际的宇宙航行。

我相信在你看到这封信的时候，第一艘飞向其他太阳的飞船已经在途中，还有更多的飞船即将启航，对于飞船上的探索者来说，这都是单程航行，虽然他们都有很长的寿命，但航程更加漫长，可能以千年甚至万年来计算。我不想让你生活在一艘永远航行中的飞船上，但我相信这样的使命对你会有吸引力的，因为你是我的女儿。

你在那时过得快乐吗？我知道，每个时代都有自己的烦恼，我无法想象你们时代的烦恼是什么，却能够知道你们不会再为什么而烦恼。首先，你不用再为生计奔忙和操劳，在那时"贫穷"已经是一个古老而陌生的字眼；你们已经掌握了生命的奥秘，不会再被疾病所困扰；你们的世界也不会再有战争和不公正……但我相信烦恼依然存在，甚至存在巨大的危险和危机，我想象不出是什么，就像春秋战国的人想象不出地球温室效应一样。这里，我只想提一下我最担心的事情。

你们遇到TA们了吗？

你知道我指的是什么，人类与TA们的相遇可能在十万年后都不会发生，也可能就发生在明天，这是人类所面临的最不确定的因素。我写过一部关于人类与TA们的科幻小说，那部书一定早已被遗忘，但我相信你还记得，所以你一定能理解，关于未来，这是我最想知道的一件事。你们已经与TA们相遇了吗？虽然我早已听不到你的回答，但还是请你告诉我一声吧，只回答是或不是就行。

亲爱的女儿，现在夜已经深了，你在自己的房间里熟睡，这年你十三岁。听着窗外初夏的雨声，我又想起了你出生的那一刻，你一生出来就睁开了眼睛，那双清澈的小眼睛好奇地打量着这个世界，让我的心都融化了，那是二十一世纪第一年的五月三十一日，儿童节的前夜。现在，爸爸在时间之河的另一端，在二百多年前的这个雨夜，祝你像孩子一样永远快乐！

爸爸

2013年5月24日

图书在版编目（CIP）数据

孩子，愿你成为最好的自己 / 吴晓波等著. -- 北京：
北京联合出版公司，2024.12. -- ISBN 978-7-5596
-8018-1

Ⅰ. G78

中国国家版本馆CIP数据核字第 202400DS91 号

孩子，愿你成为最好的自己

作　　者：吴晓波 等
出 品 人：赵红仕
责任编辑：李艳芬
装帧设计：陈绮清

北京联合出版公司出版
（北京市西城区德外大街 83 号楼 9 层　100088）
三河市中晟雅豪印务有限公司印刷　新华书店经销
字数 136 千字　880 毫米 × 1230毫米　1/32　7印张
2024 年 12 月第 1 版　2024 年 12 月第 1 次印刷
ISBN 978-7-5596-8018-1
定价：49.80元
